新時代の保育双書

保育に生かす教育心理学

(株) みらい

執筆者一覧（五十音順）　○＝編者

安藤　史高	（岐阜聖徳学園大学）	第5章
家接　哲次	（名古屋経済大学）	第12章
○伊藤　健次	（元名古屋経済大学）	第1章
荻原はるみ	（名古屋柳城短期大学）	第9章
加藤　啓	（彰栄保育福祉専門学校）	第13章
河野　淳子	（大阪人間科学大学）	第7章
多川　則子	（名古屋経済大学）	第10章
楯　　誠	（名古屋経済大学）	第6章
長崎　イク	（元常葉大学短期大学部）	第3章
那須野康成	（元愛知学泉短期大学）	第11章
成田　朋子	（元名古屋柳城短期大学）	第2章
野田　淳子	（東京経済大学）	第8章
丸山真名美	（至学館大学）	第4章

コラムイラスト　ミゾグチギコウ

はじめに

　21世紀に入り、およそ10年が経過しようとしている。20世紀末から言われ続け、すっかり言い旧されてしまったが、わが国の子どもたちを取り巻く状況は大きく変わってしまった。公園で遊ぶ子どもはまったく見られなくなり、どこを歩いてもゲーム機を手にした子どもがそれに夢中になっている。テレビでは"子どもの虐待"のニュースが溢れ、学校では"いじめ"や"不登校"、"学習にまったくついていけない子ども"の問題が深刻になっている。幼稚園・保育所では"オムツをしたまま"年少クラスに入園してくる子どもや"気になる子ども"が増え、同時に"モンスター"などと呼ばれる子どもの母親や両親に悩まされている。大学で授業を担当する教員として若い学生を眺めていると、"受講態度"や"欠席"が気になってしまう。さまざまな事情があるにせよ、家庭のしつけやそれまでの学校教育に疑問をもたざるを得ない。これらの問題は、すべて教育心理学とかかわっていると言っても過言ではない。

　本書は、やや大袈裟かもしれないが、このような現代的課題に教育心理学的立場から少しでも考え、理解し、応える手がかりを得ることを意図して企画・編集された。

　執筆いただいた方々は、日ごろ幼稚園教諭や保育士の養成に心理学関連科目の担当者として努力されている先生方である。多忙のなかで執筆いただいたことに深く感謝申し上げたい。さらに、本書の企画・出版にご努力いただいた「(株)みらい」の社員のみなさん、とりわけ担当いただいた同社企画編集課の小松慶一郎氏に感謝申し上げたい。編者の怠慢のために遅々として進まない作業を辛抱強くお待ちいただいた。

　編集にあたっては教科書としてふさわしいように、その内容や執筆に意を用いたつもりであるが、思わぬ欠落や誤りがあるかもしれない。最後になるが、ご批判やご指導をお願いする次第である。

2008年3月

　　　　　　　　　　　　　　　　　　　　　　　　　編者　伊藤　健次

● 目　次 ●

第1章　保育と教育心理学

第1節 ● 教育心理学との出会い …………………………………………11
第2節 ● 教育心理学とは ………………………………………………12
第3節 ● 保育に生かす教育心理学 ……………………………………12
第4節 ● 教育心理学の方法 ……………………………………………13
　1──観察法　／13
　2──実験法　／14
　3──検査法　／15
　4──調査法　／16
　5──事例研究法　／17
コラム：発達検査　／18

第2章　子どもの発達（Ｉ）

第1節 ● 生物学的存在から人間的存在へ………………………………19
　1──発達の生物学的基礎　／19
　2──母子関係成立の基礎　／20
第2節 ● 発達と初期環境 ………………………………………………21
　1──愛着とその形成　／21
　2──母性的養育が欠如した場合　／24
第3節 ● 言葉の獲得 ……………………………………………………26
第4節 ● 人と人とのかかわりの発達 …………………………………27
　1──人間関係のはじまり　／27
　2──養育者への愛着　／28
　3──仲間関係　／29
コラム：運動機能の発達　／31

第3章　子どもの発達（Ⅱ）

第1節 ● 自己意識の発達…………………………………………………33
　1──自己意識とは何か　／33
　2──自己意識の発達過程　／33

第2節●言語機能の発達……………………………………………………………35
  1──言語の機能　／35
  2──書き言葉と話し言葉　／38
第3節●認知の発達………………………………………………………………39
  1──認知発達の発達段階　／39
  2──幼児の認知の特徴　／40
  3──心の理解　／41
第4節●遊びと子どもの発達……………………………………………………42
  1──遊びとは何か　／42
  2──子どもの遊びの分類　／42
  3──遊びは幼児期にとってどんな意味があるか　／43
  4──遊びの指導　／43
コラム：文字指導について　／46

第4章　学習行動の基礎

第1節●行動主義からみた学習…………………………………………………47
  1──古典的条件づけ（レスポンデント条件づけ）　／47
  2──道具的条件づけ（オペラント条件づけ）　／49
  3──試行錯誤学習　／50
第2節●認知主義からみた学習…………………………………………………50
  1──洞察学習　／51
  2──潜在学習　／51
  3──観察学習　／52
第3節●知識の獲得………………………………………………………………52
  1──記憶の仕組み　／53
  2──知識の種類　／54
  3──知識の構造　／54
第4節●学習の転移と学習の構え………………………………………………56
  1──学習の転移　／56
  2──学習の構え　／56
第5節●分散学習と集中学習……………………………………………………57
コラム：遊びのなかでの「学習」　／58

第5章　学びの動機づけ

第1節●動機づけの基礎 …………………………………………………59
　　1──動機づけとは　/59
　　2──生理的動機　/61
　　3──社会的動機　/62
第2節●内発的動機づけと外発的動機づけ ……………………………63
　　1──内発的動機づけ　/63
　　2──外発的動機づけ　/65
第3節●動機づけと学習意欲 ……………………………………………66
　　1──学習への動機づけ　/66
　　2──学習性無力感　/67
　　3──個に応じた学習　/68
コラム：原因帰属と動機づけ　/69

第6章　知的能力の発達

第1節●知能とは何か ……………………………………………………70
　　1──知能の定義　/70
　　2──知能の構造　/71
第2節●知能の発達 ………………………………………………………74
　　1──知能の量的・質的発達　/74
　　2──知能の発達に影響を与える要因　/76
第3節●知能の測定 ………………………………………………………76
　　1──知能検査の開発と発展　/76
　　2──ビネー式知能検査とウェクスラー式知能検査　/78
第4節●知能とその他の能力との関連 …………………………………80
　　1──知能と学力　/80
　　2──知能と創造性　/80
　　3──知能と社会性　/81
コラム：発達の最近接領域　/83

第7章　パーソナリティの発達

第1節●パーソナリティの形成 …………………………………………84
　　1──遺伝と環境　/84

2──パーソナリティ形成の理論　／86
第2節●パーソナリティと適応……………………………………………………88
　　1──類型論と特性論　／88
　　2──パーソナリティテスト（性格検査）　／92
　　3──適応と不適応　／94
コラム：パーソナリティ（性格）研究の発展のきっかけ―パーソナリティは存在するのか？　／97

第8章　教育・保育における評価

第1節●教育評価……………………………………………………………………98
　　1──教育評価とは　―評価の目的―　／98
　　2──何に基づいて評価するか
　　　　　―測定（measurement）と査定（assessment）―　／100
　　3──評価の信頼性・妥当性　／101
第2節●どのように評価するか……………………………………………………102
　　1──評価を構成するもの　／102
　　2──さまざまな評価技法とその特徴　／103
第3節●保育における評価…………………………………………………………107
　　1──保育における評価の特徴　／107
　　2──保育の評価をとらえる視点　／108
　　3──保育における評価の方法　／109
　　4──ともに開く評価の扉　―新たな評価観―　／111
コラム：実習生による研究保育　／114

第9章　発達障害のある子どもの教育・保育

第1節●発達障害のある子どもとその特徴………………………………………115
　　1──発達障害とは　／115
　　2──精神遅滞（知的障害）　／116
　　3──広汎性発達障害　／118
　　4──注意欠陥／多動性障害　／121
第2節●発達障害の子どもの教育・保育　―発達障害児への対応―……122
　　1──指導法　／122
　　2──信頼関係の形成　／125
コラム：発達指数とは？　／127

第10章　保育のなかで生かす教育心理学

第1節●保育における集団 …………………………………………………128
 1──集団が果たす役割　／128
 2──集団活動と子どもの発達　／129
第2節●集団における個人の役割と指導 ………………………………131
 1──役割を学ぶ　／131
 2──役割を学ぶ仕組みづくり　／131
第3節●自己のコントロールと集団への適応 …………………………132
 1──第一次反抗期といざこざの経験　／132
 2──自己のコントロール　／133
第4節●友達関係から得られる発達とその支援 ………………………135
第5節●子どもの育ちを支援する ………………………………………137
 1──保育環境の工夫　／137
 2──保育環境の工夫の具体例　／137
コラム：保育者の役割　／140

第11章　就学に向けて（幼・保・小連携）

第1節●子どもの就学に向けて　―就学までにめざすもの― ………141
 1──幼稚園教育要領にみる幼稚園と小学校の関係　／141
 2──保育所保育指針にみる保育所と小学校の関係　／142
 3──幼児教育振興プログラムにみる連携　／142
 4──就学までにめざすもの　／143
第2節●就学前の気がかりな子への支援と連携 ………………………143
 1──乳幼児健診での発見　／143
 2──広がる5歳児健診　／144
 3──通園施設での支援　／145
 4──幼稚園・保育所における支援　／145
第3節●就学における保護者からの相談例 ……………………………146
 1──小学校入学後に子どもの様子が心配になった母親　／146
 2──自閉症が疑われたB君が普通学級に入れるか不安を語った母親　／146
 3──かんもく児Cちゃんへの対応と母親相談　／147
コラム：小1問題とは　／149

第12章　家庭ぐるみの教育的支援

第1節●対人関係のはじまりとしての家庭 …………150
　1──愛着理論　／150
　2──ストレンジ・シチュエーション　／151
　3──基本的信頼感　／153
　4──現代の家庭が抱える問題　／154

第2節●保育者のカウンセリングマインド …………154
　1──カウンセリングの基本的態度　／155
　2──カウンセリングの理論　／157

第3節●保護者（親）への教育的相談 …………160
　1──特殊な環境でのカウンセリング　／160
　2──カンファレンスとスーパービジョン　／161

コラム：「自子中心主義」―形を変えた自己中心主義―　／163

第13章　子どもをめぐる教育的問題

第1節●不登校・不登園 …………164
　1──不登校の状況　／164
　2──不登校問題の経緯　／168
　3──不登園　／169
　4──不登校・不登園への対応　／170

第2節●児童虐待 …………172
　1──児童虐待の状況　／172
　2──児童虐待が子どもにもたらす問題　／173
　3──児童虐待の発生要因　／174
　4──児童虐待への対応　／176

第3節●早期教育 …………178
　1──早期教育とは何か　／178
　2──早期教育に関するいくつかの知見　／179
　3──早期教育を考える　／180

コラム：親と共に生きるという姿勢　／182

索　引　／183

第1章 保育と教育心理学

◆キーポイント◆

本章では、教育心理学とは何か、どのような内容が含まれているのか、教育心理学がめざすものとは、そして「保育」とのかかわりは何かを学んでいく。

急速な少子化の進行や複雑な社会状況の変化のなかで、今まさに保育の重要性に目が向けられていかなければならない。教育心理学がもつその内容と方法は、保育を客観的で実証可能な実践的な学へと導いていってくれるに違いない。

第1節 ● 教育心理学との出会い

　筆者が初めて心理学と出会ったのは、大学の教育学部に入学した頃のことである。当時の大学の教育課程は、入学後1年から1年半の間にわたって一般教育課程でさまざまな教養科目を学んだ後、残りの2年ないし2年半程度で専門課程を学ぶスタイルが多かった。すでに述べたように、筆者はこの一般教育課程で初めて心理学を学んだのである。その内容を振り返るために、当時の教科書を見直してみると、「感覚と知覚」「学習」「パーソナリティと適応」など盛りだくさんの内容を、若干の解説を加えながら教科書をさらりと読んでいくような講義であった。とりたてて心理学への興味が湧くこともなく、期末試験も惨憺たるもので、当然評価は合格ギリギリの「C」であった。

　その後、年次が進行して教育職員免許を取得するために必修科目としての「教育心理学」を履修することになった。その頃、学生の自主的な学習グループを通じて、さまざまな障害がある子どもたちとの出会いがあった。その子どもたちの療育活動を通じて、教育心理学とまじめに取り組むことになったといえる。そして、教育心理学は子どもたちとの活動から生じるさまざまな疑問に答えてくれる研究領域でもあったのである。

第2節 ● 教育心理学とは

『新・教育心理学事典』（依田監、1980）によると、「教育心理学は、教育に関連する諸事象について心理学的に研究し、教育の効果を高めるのに役立つような心理的知見と心理的技術とを提供しようとする学問である」と述べている。

もともと教育心理学は、心理学の教育への応用としてスタートしたが、その内容は、記憶、疲労、感覚など断片的なものであったとされる。その後、終戦を迎えることになって、わが国に連合国最高司令官総司令部（GHQ/SCAP）がおかれ、そのなかの組織である民間情報教育局（CIE）が教育改革に関与したとされる（サトウ・高砂、2003）。1947～48年にかけて、旧文部省やGHQ/SCAPのCIEによって開催された教師養成のための研究集会や教育指導者講習会（IFEL）において、教育心理学の部会が教育行財政や教育社会学などの部会とともに開設された。各地の教育委員会関係者、教育行政官、教員養成大学教員などを対象とするものであったが、このなかで当時のアメリカの（教育）心理学を踏まえた内容が伝えられ、「発達」「学習」「人格（適応）」「評価」という教育心理学の4本柱というシステムとその内容が伝えられたという（サトウ・高砂、2003）。

今日では教育心理学は心理学の教育への応用にとどまらず、教育実践に直接かかわる問題を解決する独自の領域をもつ人間行動の科学だと考えられるようになってきている。具体的には、集団・人間関係や臨床・障害などに関する研究領域も重視されるようになってきているのである。このように、教育にかかわる現象のなかに問題を求め、理論的・実践的研究を行うことによって教育の目的や内容の妥当性を検討し、より優れた教育を実現するための方法を明らかにすることが教育心理学の目標であり課題である。

第3節 ● 保育に生かす教育心理学

言うまでもなく、「保育」は、養護と教育が一体となった営みである。したがって、保育を実践して行く際に教育心理学的な知識や技術が応用されうるし、また、そうされなければならない。近年の子どもを取り巻く急激な環境

の変化は著しく、多くの子ども達にその影響を及ぼしている。特に幼児期は、生涯にわたる人間形成の基礎が培われる重要な時期であり、幼児は生活や遊びといった直接的・具体的な体験を通して、情緒的にも知的にも発達し、社会性を涵養して社会の構成メンバーとしてよりよく生きて行くための基礎を獲得していくのである。

　このように、私たちは幼児期における教育・保育が、その後の人間としての生き方を大きく左右することを認識し、子どもの育ちに関心を払わなければならない。教育心理学は、このような営みに一定の回答を与えてくれる重要な研究領域なのである。

　核家族化や都市化の進行、急激な少子化の進行、子どもの虐待の増加、離婚率上昇に伴う養育環境の変化、障害児への対応、育児不安などに象徴される家庭の養育機能の低下、地域社会の関係の希薄化、子どもの個別性への配慮など、子どもにかかわるさまざまな今日的な問題も山積している。教育心理学を学んで行くことによって、このような多くの課題への対策にも一定の示唆が得られるに違いない。

第4節 ● 教育心理学の方法

　すでに述べたように、教育心理学は教育の効果を高めることを意図して、教育に関連する諸事象を心理学的に研究する学問である。教育は、一定の目標（価値）を選択・決定し、その内容を配列・提示して達成していく過程である。したがって、これらの配列・提示・達成過程の心理学的側面を解明するための手だては、研究者の視点・思考法・技法などによってさまざまである。これらの方法は、研究者によって明確に自覚されている場合もあるが、研究過程やその成果のなかに内在している場合もある。ここでは、教育心理学で多用される主な研究方法について述べることにしよう。

1 ── 観察法（observational method）

　観察者が第三者的立場から客観的に観察対象者の行動を観て、それを記録して行く方法である。対象者の行動に何も統制を加えず、生活空間内の日常行動をそのまま観察する場合を「自然観察法（naturalistic observational method）」という。通常、単に観察法という場合はこの自然観察法をさす場

合が多い。日常的な家庭における養育者の育児の観察記録、幼稚園や学校における子ども―教師間の相互関係の観察記録、臨床心理学で用いられる面接場面の応答記録などである。自然観察記録法による記録は、記録者がその場の構成メンバーでもあることも多く、観察者の主観に影響され記録に偏りが生じること、記録の整理が煩雑となるといった短所があるといわれている。しかし、観察対象を包括的に理解するために、系統だった観察や実験、調査の前段階として行われる予備的研究方法として大変優れた方法でもある。

これに対して、研究の目的に沿って観察の対象となっている事態に対して何らかの条件統制を加えて観察する方法を「実験観察法（experimental observational method）」という。この方法は、後に述べる実験法と基本的に変わらない場合が多い。実験観察法は、条件を統制できることから、観察を客観的に実施でき、その結果としての記録の信頼性も高まる長所がある。しかし、目的に照らしてさまざまな条件統制を行うことから、実際生活から乖離した要求をしてしまう危険性も指摘されている。

また、研究目的が焦点化され絞られている場合には、どのような条件で、どのような行動を観察対象とするかをあらかじめ決定し、観察後に記録を数量化したりすることができる「組織的観察法」がある。このなかには、場面を特定して観察する「場面見本法（situational sampling method）」、その行動が生起する条件や生起のプロセスなどを詳しく観察する「行動見本法（behavior sampling method）」、一定時間ごとに目的とする行動が生起しているかどうかを観察する「時間見本法（time sampling method）」、あらかじめ観察する項目をリストにして用意しておき、当該の行動が観られた場合にチェックしていく「チェックリスト法（check list method）」などがある。

いずれの観察法を採用するにしろ、近年のAV機器やコンピュータのめざましい進歩は、これまで見逃されがちであったさまざまな行動や微妙な反応をとらえ、精密な解析を可能にしてきている。従来、観察法の短所とされた点が、今後はこれらの機器の進歩に補われていくだろう。

2 ── 実験法（experimental method）

心理学では、行動を引き起こす条件を明確にし、条件と行動の関数関係を定立するために、人為的条件を設定して観察、記録、測定することがある。このような方法を実験法という。簡単に述べると、ある条件に厳密な人為的統制を加えることによって、行動とそれを規定している要因との因果関係を明らかにする方法である。このとき、実験者が操作する要因を「独立変数」

あるいは「実験変数」といい、観測される量的、質的測度（すなわち行動の質的、量的変化量）を「従属変数」という。実験法では、この独立変数と従属変数との関係を明らかにできる。実験法では、さまざまな変法が考えられているが、ここでは「コントロール群法」について述べることにしよう。

例えば、ここに比較的明細性に優れた絵を描く子どもがいる。この子どもは手本を示され練習を行った結果、このような絵を描くことができるようになったという推論が導き出されたとしよう。この仮説が正しいか否かを知るためには、ある実験を行ってみればよい。

あらかじめ子どもの集団を等質になるよう2つの群に分けておく。そして、一方の群には手本を示した練習を行わないが、他方の群には手本を示した練習を行うという実験的操作を加えるのである。2つの群を比較（群間比較）した結果、仮に後者の群が明細性に優れていれば、手本を示した練習の効果を認めることができることになる。前者の群をコントロール群（control group）、後者の群を実験群（experimental group）と呼ぶことから、このような方法をコントロール群法（control group method）という。

この方法は、実験の実施に伴い被験者（実験の対象）の学習や熟練が成立してしまい、非可逆的な変容が生じてしまう場合に有効であるが、その変容が取り返しのつかないものとなってしまう場合もあるので、慎重に検討された上で実施される必要がある。

3 ── 検査法（test method）

個人の能力や人格の特性に関する資料を体系的・組織的に収集する方法として検査法がある。検査法は、一定の条件下での行動の観測を通して、さまざまな特性を代表すると考えられる少数の行動項目について、客観的な標準化された測度で測定しようとする。この方法は、ほかの方法と比べて、情報をはるかに効率よく体系的に収集でき、得られた個人のデータを標準資料と比較できるという優れた利点をもっている。しかし、このような長所を保障するために、次に述べるような条件を満たすことが必要であるといわれている。

(1) 妥当性

その検査が測定しようするものを測定し得たとき、妥当性があるという。基準関連妥当性、構成概念妥当性、内容的妥当性と呼ばれるものがあるが、前二者はさまざまな統計的分析を通じて明らかにされるが、後者は被験者や

専門家の主観的判断によってなされる場合が多い。

(2) 信頼性

　測定過程に含まれる誤差が一定範囲内にあるとき、信頼性があるという。簡単にいうと、測定の一貫性あるいは安定性をいい、誰が測定しても、また何回測定しても同様の結果が得られる性質をいう。信頼性は、同じ検査を異なる検査者で実施した場合の相関（検査者間信頼性）、同じ検査を同じ検査者が実施した場合の相関（再検査信頼性）から知ることができる。

(3) 標準化

　個人のデータを標準資料と比較することによって、標準集団の分布のなかに位置づけることができるようにすることをいう。標準化のデータは地域的偏りや社会経済的偏りがなく、多くの新しい資料に基づくものほど望ましい。
　能力特性に関する検査には、知能検査、発達検査、学力検査、適性検査、知覚－運動検査などがあり、人格特性に関する検査には、性格検査、興味検査、創造性検査、態度尺度、価値尺度などがある。
　子どもを対象とした場合、よく使用される知能検査と発達検査はさまざまなものがある。ここではそれらの詳細には触れないが、実施にあたっては検査法の効用や適用上の限界などを詳細に検討し習熟しておく態度が求められる。

4 ── 調査法（survey method）

　調査法は「面接法(interview method)」（聞く方法）と「質問紙法(questionnaire method)」（読む方法）に分類される。面接法は、面接者が被調査者に直接口頭で質問し、回答を聞き取る調査法である。この方法は、被調査者に応じた質問ができる、より深い回答を引き出すことができる、回答中の矛盾や不明な点を確認できる、回答態度を直接確認できる、といった長所をもつが、これらを活かすためには面接者としての技能が一定以上に達していなければならない。
　質問紙法は調査者があらかじめ作成しておいた質問用紙を読んで、これに回答していく方法である。多数の被調査者に同一の質問を一斉に実施でき、回答も集計しやすく処理が容易である。回答のさせ方には、自由記述式、選択式、評定尺度式などがある。
　いずれの方法も被調査者の言語的応答を手がかりとして資料の収集が実施

される。したがって、被調査者が言語的に未発達な子どもの場合には回答の信頼性に注意する必要がある。

5 ── 事例研究法（case study method）

　事例研究法は、特定の個人について集中的、追跡的に多くの資料を収集し、発達過程を知ろうとする方法である。この方法は、発達研究における縦断的研究方法を単一事例に適用した方法と考えることもできる。また、前述の観察法、実験法、検査法、調査法などと併用されることも多い。

　わずかな事例から収集された資料に基づくことから、事象を普遍化し、発達の一般的原理や発達の基準を求めることは困難であるかわりに、個別の事例の深い理解を求めることが必要とされる場合には有効な方法である。発達上の問題がある心身障害児の行動特性を把握し、教育や指導に役立てていこうとする場合などがこの例である。

　臨床的な方法の発展に伴い個人差の研究が重要視され、事例研究が見直されている。このようななかで、単一事例研究法（single case study）は、事例研究法がもつ短所を補う精緻な研究法として注目することができる。

●「第1章」学びの確認
①教育心理学の方法をもう一度まとめてみよう。
②検査法には具体的にどのような検査があるのか、詳しく調べてみよう。
●**発展的な学びへ**
　「発達検査」として整理される検査を1つ取り上げ、実際に検査を実施してみよう。

引用・参考文献

1）サトウタツヤ・高砂美樹『流れを読む心理学史 －世界と日本の心理学－』有斐閣　2003年
2）中島義明他編『心理学事典』有斐閣　1999年
3）伊藤健次「乳幼児を理解するための視点と発達検査」後藤宗理編『新・乳幼児発達心理学』みらい　2000年

●○● コラム ●○●

発達検査

　子どもの心身発達の状態や程度を測定・診断するための標準化された検査を「発達検査」という。わが国で比較的よく利用されている発達検査には、「乳幼児精神発達質問紙」(津守式)、「乳幼児分析的発達検査」(遠城寺式)、「KIDS乳幼児発達スケール」などの質問紙法によるスクリーニング検査と「新版K式発達検査」などのように課題を与えその行動を直接観察する検査とに大別される。観察や簡単な課題の遂行力のチェックを中心としていることから、作業能力や言語能力が低い段階にある乳幼児の精神発達の理解に適している。

　いずれの検査でも、検査項目は感覚機能、運動機能、言語、社会性、生活習慣などの領域に分けられ、発達の順序にしたがって整理されている。また、標準的な発達との比較から「発達年齢(developmental age;DA)」や「発達指数(developmental quotient;DQ)」が算出できたり、プロフィールとして直感的に理解できるように工夫されたりしている。

　発達検査の利用にあたっては、結果を単に評価的に理解し親に伝達するばかりではなく、全体的なプロフィールから子どもを理解して教育・保育に役立てていく姿勢が求められる。実施にあたっても、検査法をよく学習し、実施方法に習熟しておく必要があることはいうまでもない。

第2章 子どもの発達（Ⅰ）

◆キーポイント◆

人間は他の動物に比べて未熟な状態で生まれ、長い養育期間を要するが、まさにこのことにより、人として成長することができるのである。

本章では、人間が人間らしく成長するための発達初期の重要性を考える。

まず、人間として成長するうえで重要な愛着が、養育者とのかかわりのなかでどのように形成されるのかについて概説する。そして、愛着の形成に不可欠な母性的養育が欠如した場合を例に、発達における初期経験の重要性を考える。

次に、有能で能動的な新生児が、養育者との相互作用のなかで、言葉を獲得し、人とのかかわりを発展させていく様相を述べる。

発達の可能性を秘めた人生のスタート時期への理解を深めたい。

第1節 ● 生物学的存在から人間的存在へ

1 ── 発達の生物学的基礎

鳥類には、生後すぐに巣立つ離巣性の鳥類（ニワトリ、カモ等）と、生後しばらく巣にとどまり親の加護を受けてから巣立つ留巣性の鳥類（ツバメ、ハト等）がいる。スイスの動物学者ポルトマンは、哺乳類を表2−1のよう

表2−1　留巣性と離巣性の特徴

	留 巣 性	離 巣 性
妊娠期間	非常に短い （たとえば20〜30日）	長い （50日以上）
1回にうまれる子の数	多い （たとえば5〜20匹）	たいてい1〜2匹 （まれに4匹）
誕生時の子の状態	「巣にすわっているもの」 （留巣性）	「巣立つもの」 （離巣性）
例	多くの食虫類（モグラ、ハリネズミなど）、齧歯類（ネズミ、リスなど）、イタチ、キツネなどの小型肉食獣	有蹄類（ウマ、イノシシなど）、アザラシ、ゾウ、クジラ、霊長類（サルのなかま）

資料：鎌原雅彦・竹綱誠一郎『やさしい教育心理学』有斐閣　1999年　p.199

に離巣性と留巣性に分け、それぞれの特徴をまとめた。表2－1は、高次の種ほど離巣性に属することを示している。ところで、すこぶる無防備・無能力な状態で出生する人間は留巣性に分類されるかもしれないが、留巣性哺乳類の妊娠期間や子どもの数は人間のそれらとは異なる。あと1年間胎内で過ごし、誕生後すぐに歩き始めると仮定すれば、人間は離巣性の哺乳類の特徴を満たすことになる。ポルトマンは、人間は1年早く出産しているとして、生理的早産説を唱え、早く生まれ過ぎた1年間をさまざまな刺激に満ちた外界で過ごすことの意味を問いかけたのである。

つまり、生理的早産の状態で生まれてくるからこそ、人間として成長できるわけで、この間に保護者が愛情をもってかかわることによって赤ん坊は人として成長できると考えられる。

20世紀後半になってからの諸科学の進歩によって、かつては全く未知であった胎児の母胎での状態が明らかになってきた。中枢神経系をはじめ、人間にとって大切な心臓、手足、目、耳などの器官の形成は、生命が誕生した後3～7週ごろの胎芽期と呼ばれる時期からすでに始まっていて、胎児は、妊娠6か月ごろになると外界の音を聞くこともできるのである。対象物を識別した乳幼児の聞こえ方と異なることはいうまでもないが、出生後人間らしく育てられる素地を備えて出生するといえる。

そもそも人間の発達は遺伝と環境によって規定されるが、出生後の経験によって習得される行動は他の動物に比べてはるかに多いと考えられる。したがって、人間らしく育てられる素地を備えた赤ん坊が、出生後どのような環境のなかで、親をはじめとする人にどのようにかかわるかが、その子どもの発達にとって大きな意味をもつことになるのである。

2 ── 母子関係成立の基礎

約280日間胎内で成長した新生児は、個人差はあるが、ほぼ2時間の睡眠と30分の目覚めという周期を繰り返し、1日の約80%を眠って過ごす。周囲の刺激に対しては、大脳皮質がまだ働いていないため、吸いつき反射、モロー反射、自動歩行運動、把握反射など新生児反射もしくは原始反射と呼ばれる新生児特有の反射的な応じ方で対処する。

かつては、生まれたばかりの新生児は全く無能な状態であると考えられていたが、1960年代に入り、ファンツが新生児の視覚を確かめる実験を行ったのを契機に新生児の能力が次々と明らかにされ、出生直後の赤ん坊でもさまざまな能力をもっていることがわかってきた。

新生児でも、注視、追視ができ、単純な図形よりも複雑な図形、なかでも人の顔をより多く見ることがわかった。また顔から22〜25cmの距離内で一番よく見えることもわかった。この距離が、授乳時の母親の顔と赤ん坊の顔の距離とほぼ同じであることに、生命の不思議を感じずにはいられない。
　聴覚馴化法※1を用いた実験では、いくつかの音素を聞き分けることも明らかになっている。
　以上のことから、赤ん坊は出生直後、それどころか生まれる以前からすでに、無能で、受動的な存在ではなく、有能で、能動的な存在であることがわかる。しかしながら、赤ん坊の能力はかつて考えられていたより有能であるというだけで、おとなや大きな子どもに比べると、もちろんまだまだ未熟であり、赤ん坊がおとなに依存しなければ生きていけない存在であることには変わりはない。養育者の養護を喚起し、促すという範疇での有能さといえるかもしれない。

※1　聴覚馴化法
馴化とは、同じ刺激を連続して与えると反応が次第に弱まってくることである。1〜4か月の乳児に同じ音を聞かせ続けると吸乳反応は次第に弱まるが、別の音声に切り替えると吸啜速度は著しく増加する。このことから、乳児は2種の音を弁別したといえる。

第2節●発達と初期環境

1 ── 愛着とその形成

　前節で、赤ん坊が能動的に生きていることを示したことからわかるように、母と子の関係においても、ただ単に親が一方的に世話をするというより、お互いが相互に作用し合っているのである。
　ボウルビィによると、乳児は生まれつき、自分の生命を守るために、泣いたり笑ったりして特定のおとなを引き寄せ、また這い這いをしたり、歩いたりして接近していく傾向がある。おとなのほうも、元来乳児をかわいがろうとする気持ちをもっていて、乳児が微笑んだり、泣いたりすると、抱いたり、あやすなどして乳児に反応する。このようなふれあいは毎日何回となく繰り返され、結果として、乳児は自分の行動に反応してくれる特定のおとなに特別の感情を抱くようになる。ボウルビィは、子どもが特定の人に抱く特別の感情・情緒的結びつきを「愛着」、子どもが情緒的な結びつきをもって特定の人に接近していく行動を「愛着行動」と命名した。
　この世に生を受けた子どもが最初に出会うおとなはほとんどの場合は母親であり、子どもはまず母親に対しての情緒的結びつきを形成する。これらは対人関係の第一歩であり、自分を受け入れ、人を愛し、信頼する力へと発展

していくゆえに、人生の初期に、子どもの心のなかに愛着が形成されることは何よりも大切なのである。

　愛着が順調に発達していくためには、母子間の相互関係が重要になる。特定の人物が常に側(そば)にいて、母親らしい世話をすることが必要で、母親またはそれに代わる人が十分な母性的養育を与え、子どもとの相互作用が十分に行われることが求められる。

　発達初期の特定の人とのかかわりの重要性についてはクラウスとケネル[※2]も指摘している。彼らは、母親が自分の子どもに愛情を抱くのは新生児期に母子の相互交流があるからで、出生後数分、数時間、数日といった初期の母子の接触が、その後に抱く子どもに対する愛情の出発点になると考えた。鳥類では、ヒナを人口孵化後、仮親に接近させると、ヒナは一生仮親を真の親だと思い、追尾行動を起こす。この現象はインプリンティング（刻印づけ）と呼ばれ、孵化(ふか)後一定時間内にのみ見られ、その期間は臨界期と呼ばれる。鳥類の臨界期ほど短い期間内でなく、決定的ではないが、人間にも感受期あるいは敏感期があり、その間に母子の交流が図られることが母子の結びつきにとって大切であると考えたのである。

　さらにボウルビィは、愛着の発達の過程について、以下の4つの段階を仮定している。

- 第1段階：人の識別を伴わない定位と発信（出生後～少なくとも生後8週ごろ、たいていは12週ごろ）
- 第2段階：1人または数人の特定対象に対する定位と発信（生後12週～6か月ごろ）
- 第3段階：発信および移動による特定対象への近接の維持（生後6か月ごろ～2、3歳ごろ）
- 第4段階：目標修正的な協調性形成（3歳前後～）

　この発達段階により、愛着は、他者によって受動的にもたらされるものから、子どもみずからが能動的に築き上げるものへと、また安全の感覚をもっぱら物理的近接によってのみ得られる状態から表象的近接によっても部分的に得られる状態へと移行していくことがわかる。

　乳児の愛着の個人差をとらえる方法にエインズワース[※3]らが考案したストレンジ・シチュエーション法がある。ストレンジ・シチュエーション法とは、日常生活とは異なる新規な実験室で、主に見知らぬ人との相互作用や母親との分離場面・再会場面における乳児の様子を観察する方法である[※4]。

　彼らは、乳児の行動の特徴に応じて、愛着の個人差をAタイプ（回避型）、Bタイプ（安定型）、Cタイプ（アンビヴァレント型）の3つのタイプに分類

※2　クラウスとケネル
新生児研究者のクラウスとケネルは、分娩直後に新生児との接触を特別に経験した母親には、分娩後の数日間ふつうのやり方で時折新生児と接触した母親と比較して、子どもへの愛情が強く形成されることを報告して大きな反響を呼んだ。彼らは、これらの観察から、出産直後は母親にとって非常に大切な時期であると考えた。

※3　エインズワース
ボウルビィの理論を実証的に研究し、ストレンジ・シチュエーションという枠組みを考案し、愛着の個人差を体系的にとらえようとした。また、愛着が育たない場合について24頁のように言及している。

※4
第12章図12-1参照。

できるとし、さらにそれらの個人差をもたらす養育者のかかわりについても言及している（表2－2）。

彼らが分類した3つのタイプに分類するのが難しい乳児については今日、新たにDタイプ（混乱群、無秩序・無方向型）を加えることが提唱されている。このタイプは、母親との再会時にも「ボーッ」としていたり、顔や視線をそらしつつ接近・接触するというような矛盾した組織化されていない行動をとるのが特徴である。

各国で行われた愛着の個人差の研究は、タイプ別構成比に差があることを示している（表2－3）。各国の社会文化、子ども観、子育て観、家族形態、養育システムの差異による影響が考えられるだろう。

表2－2　愛着のタイプと養育者のかかわり方

	ストレンジ・シチュエーション場面	養育者の日常のかかわり
Aタイプ（回避型）	養育者との分離場面では泣いたり、混乱することがほとんどない。再会場面では養育者を避けようとする行動を示す。	全般的に子どもの働きかけに拒否的にふるまうことが多い。子どもに対する微笑みや身体接触が少ない。
Bタイプ（安定型）	分離場面では、多少の泣きや混乱を示すが、養育者との再会時には積極的に身体接触を求め、容易に静穏化する。	子どもの欲求・状態などに相対的に敏感である。子どもとの遊びや身体接触を楽しむ様子が見られる。
Cタイプ（アンビヴァレント型）	分離時に非常に強い不安や混乱を示す。再会時には養育者を求めるが、その一方で養育者を激しくたたいたりする。	子どもに対する敏感さが相対的に低い。子どもに対する反応に一般性を欠いたり、タイミングがずれることも多い。
Dタイプ（無秩序・無方向型）	顔をそむけながら養育者に近づくという接近と回避が同時的に見られる。また、不自然でぎこちない動きを示す。	精神的に不安定なところがあり、突発的に表情や言動に変調を来し、パニックに陥るようなことがある。

（本郷（2007）―遠藤・田中（2005）より作成）

表2－3　アタッチメントのABC分類の国際比較

タイプ	A（％）	B（％）	C（％）	備　考
アメリカ	23.0	62.0	15.0	キャンポスらの研究に基づく
西ドイツ	49.0	32.7	12.2	グロスマンの研究に基づく
スウェーデン	21.6	74.5	3.9	ラムらの研究に基づく
イスラエル	13.5	69.2	17.3	サギらの研究に基づく
日本Ⅰ	0	72.0	28.0	三宅らの研究に基づく
日本Ⅱ	0	75.9	24.1	三宅らの研究に基づく

（本郷（2007）―三宅（1990）より作成）

資料：『発達心理学―保育・教育に活かす子どもの理解』建帛社　2007年　p.104

2 ── 母性的養育が欠如した場合

　エインズワースはまた、乳幼児が施設または病院で生活していて、十分な母性的養育を受けられない場合、家にいても、十分な養育を受けられない場合、十分な母性的養育を与えられていても、子ども自身に相互作用の能力が欠如している場合には、愛着が育たないと述べている。

　十分な母性的養育が受けられない場合、さまざまな発達の遅れを生ずることになるが、母性的養育が極端に欠けた場合、どのような事態に陥るのであろうか。2つの例を見てみよう。

（1）言葉を知らなかった少女ジーニー

　人間が異常な環境で育てられると、異常になることを示した例として、1970年、ロサンゼルスの病院に収容された少女のケースがある。

　その少女（ジーニーと名づけられた）は1歳ごろまではほぼ正常に育てられていたが、その後は部屋のベッドにくくりつけられたままで、10年以上も過ごさせられた。収容された時点では、着物はほとんど着せられていないので寒暖の温度変化を感じない、固形物を食べたことがないので噛むことができない、ずっと座ったままなので立つことも歩くこともできない、部屋のなかしか見えないのでその範囲だけしか見えない近視、音をたてると棒で叩かれるので声を出すことをしない、栄養状態が悪く身長は135cm、体重は29kg、大小便はたれ流す、頭髪は薄くわずか、よだれを流し続ける、感情を表現できない、泣くこともしない等といった状態であった。しかしながら、好奇心が強いらしく、周囲のものに目を向けて探し回るしぐさがあり、特に人が話しかけるとその人を見つめることが観察された。

　収容後強力な言語訓練が行われた結果、1970年12月には数個の単語の意味を理解したにすぎなかったが、その後1か月で、ママ、歩く、行く、だめ、戸、赤、緑、青、木、茶などの言葉を理解するだけでなく、使うようになった。1971年6月には約100語を理解し、話した。1972年2月には「父親がうでをぶった」のような、3つの単語からなる文を自分で使うようになった。通常の子どもに比べて発音ははっきりしないし、語数も少ないが、着実に言語能力は高まっていたのである。

　人間が極端に社会や人間から隔離されて育てられると、発達の遅れが見られるようになるが、適切に対応すれば、通常の姿に近づくことを示す1つの例である。

(2) FとG

　日本においても1972（昭和47）年東北地方で、ジーニーと類似の、6歳と5歳の姉弟が発見された。家族の状況は図の通りである（図2-1）。

　救出直後は2人とも、心身ともに1～1歳半の発達レベルにしか達していなかった。家庭の経済的困窮のなか、FとGが生まれたころには母親は育児意欲を全くなくしており、また父親からはいわれのない攻撃を受けていた。FとGが3歳10か月、2歳10か月のころには板の間におむつをあてたまま転がされ、その後救出されるまでの1年9か月間、冬場は零下10度以下になるであろう戸外の小屋に放置されていたのである。

　救出後は専任の保育者をつけ、手厚い一貫性のある母性的養育を与えた。

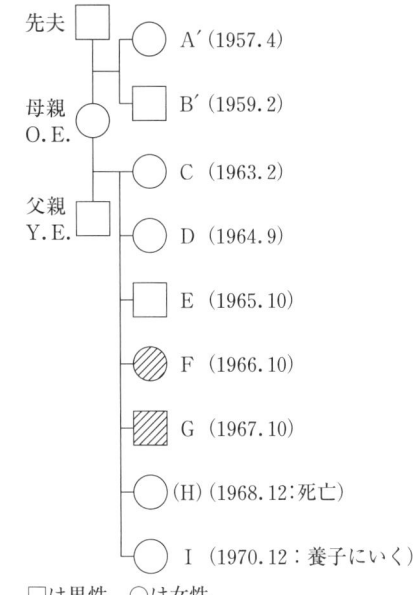

□は男性、○は女性、
（　）内の数値は生年月を示す。

図2-1　家族の状況
資料：藤永保他『人間発達と初期環境―初期環境の貧困に基づく発達遅滞児の長期追跡研究』有斐閣　1987年　p.45

　小学校時代には、例えば書き言葉で単純な誤字脱字とはいえないような難点があったり、日常事態との落差もあったが、高校入学後には改善されはじめた。

　身体的成長、運動機能、言語獲得、いずれをとっても救出後の伸びは目を見張るほど速やかで、通常の新生児以降の発達過程を3分の2程度の短期間で達成した。FとGにとって父親・母親との社会的隔離は決定的なものであったが、感覚・運動的制約は小さく、C、D、Eなどのきょうだいとの接触は比較的豊かにあったことが回復に結びついたと考えられる。

　以上のジーニー、FとGの例は、発達を規定する要因について、学習に臨界期は存在するのか等々、人間の発達にとって根源的な問題を提起している。

　いずれにしても、これらの例から私たちは、人間の発達にとって、乳幼児期という人生の初期における環境、発達初期の経験がどれほど大きな意味をもつものであるのかを教えられる。さらに、たとえ発達初期の条件が劣悪なものであっても、その後発達にふさわしい条件が整えられれば、時間経過とともに発達の状態は改善し、一定のレベルにまで追いつくことが可能であるというキャッチアップ現象が認められることも教えられるのである。

第3節 ● 言葉の獲得

　他の動物と異なり、人間のみが言葉を使用することができる。
　声を出すのは泣き声のみであった赤ん坊は、2か月ごろ機嫌のよいときに、喃語と呼ばれる「ア」「エ」のような音声を出し始め、6～7か月ごろには「アーアー」「ババババ」のように同じ音を繰り返す反復喃語が多くなる。喃語、反復喃語でいろいろな発音を練習した赤ん坊は、その後、自分の気持ち、要求を泣き声だけでなくいろいろな音声で伝える。また情緒的に結びついている母親と同じことをしたいという気持ちも強く、動作だけでなく音声模倣も行うようになる。母親との日々のやりとりのなかで、その音声がどういう場面で使われるのかがわかり、例えば、食物がほしいときに「マンマ」と発声するようになる。つまり、母性的養育を受けて育てられている子どもは、要求や拒否を発声・動作・指差しで表現した後、意味のある言葉を話し始めるのである。
　以上のような言葉が出てくる仕組みはどの子どもにも共通しているが、初語の時期やその後の発達の様相には個人差がある。
　その後、幼児期に入ってからの発達は、家族や保育者とかかわりを重ねるなかで進む。日々さまざまな経験を積み、話したい内容が増え、それを側にいる人に話すなかで言葉を増やし、話し方も身につける。この発達を支えるのがそれまでの母親や周囲の人とのかかわりである。言葉の獲得以前に、愛着の対象である母親や家族と、どれほど言葉以外の方法でコミュニケーションを図っていたかが、その後の言葉を発達させる条件になる。
　ところで、言葉を獲得するメカニズムは、かつては周囲のおとなから教えられること、周囲のおとなの言葉を模倣することによると考えられていた。ところが、二語発話期の子どもは二語発話以上の複雑な文を示されても二語発話しか模倣できないこと、その後のわずかの期間で、4歳くらいになれば自分の気持ちをほぼ正確に伝えることができるほど目覚しい発達を遂げることは、単に教えられたり、模倣のみで説明することはできない。
　このことからチョムスキーは、人間には生まれつき言語を獲得する装置（言語獲得装置）が備わっていて、誰でも言語を使いこなせるようになるという仮説を提唱した。子どもは生得的に言語に関する何らかの知識をもっていて効率的に言語を獲得できるというのである（図2-2）。
　ところで、子どもが拙い話し方をしていても、子どもの周囲のおとなが、

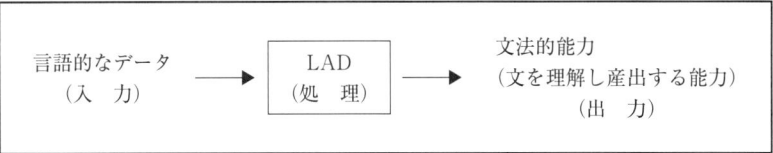

図2-2　言語獲得装置（LAD）
資料：『脳と発達の心理学—脳を育み心を育てる—』ブレーン出版　2004年　p.153

　子どもの拙い言葉の意図を汲み取って話していることは日常的によく見られることである。例え言語獲得装置をもっていたとしても、言語刺激がなければ、また、周囲のおとなの適切な働きかけがなければ、言語を獲得することは難しいだろう。ブルーナーはこれを言語獲得援助システムと命名した。言語獲得援助システムは、子どもの年齢が小さいほど有効であると考えられる。

第4節 ● 人と人とのかかわりの発達

1 ── 人間関係のはじまり

　すでに第1節で、赤ん坊は能動的な存在であると述べたが、特定の対象を最初から親として認知する能力までは備えていない。乳児に準備されている生得的な能力は、おとなから自分への働きかけを触発し促進するような能力、人との関係をつくっていきやすいように働く、人への特有の反応である。
　いくつかの例で考えてみよう。
　新生児が誕生直後から微笑することはよく知られている。身体的に生じた生理的微笑で、自発的微笑と呼ばれているものである。生後1週間ごろから高い声、低い声を聞き分けることができ、特に女性の高い声に反応しやすい。やがて微笑を引き起こす効果的な刺激は、聴覚的なものから視覚的なものへと移行していく。新生児の微笑はおとなとの相互作用の重要な契機となる。
　生後数日の新生児でさえ、人に話しかけられると、その声の調子やリズム、言葉の切れ目に合わせて手足を動かし、あたかもダンスを踊っているような同期性を示す。この現象は話しかける言葉であれば何語を聞かせても起こるが、机を叩くといった物理的な音では起こらない。
　2か月ごろの赤ん坊は、機嫌がよいときには、対面し自分に声をかけてくれる母親に、目を輝かせ母音的な発生で手足を動かし、口をとがらせたり動

かしたりして、懸命に対話的に応答しようとし始める。うまく2人のリズムが合うと、実に楽しい会話のようなやりとりがしばらくの間成立するようになる。

　この時期のこのような対面的なやりとりは、第一次間主観性のあらわれとして重視されている。それは、このとき赤ん坊と母親の心が互いに通じ合っていることが双方に体験されるからである。間主観性とは、気持ちと気持ち、主観と主観がつながりあっていることから名づけられた言葉である。

　6か月ごろの子どもは、おもちゃで遊んでいるときに声をかけられると、おもちゃを放り出しておとなとのやりとりを行う。6か月児は「物－自分」「人－自分」といった二項関係でしかやりとりを行うことができないからである。しかし9か月ごろになると、子どもはおとなと同じ物に注意を向け（共同注意）、体験を共有したり、物を指差して親に話しかけたり、おもちゃをつかむ前に親を振り返って視線による確認（社会的参照）を行ったりする。

　このように、「人－自分」という関係（自分と他者との二項関係）から、物を介して人とかかわる「人－物－自分」の関係（三項関係）が成立する。この三項関係はその後のコミュニケーションの基礎となる。

　以上のように、親子関係が始まる以前からすでに両者に準備されている、互いに相手と関係をもとうとする傾向を基礎にして、親と子の具体的なかかわりが両者の関係を築いていくと考えられる。

2 ── 養育者への愛着

　第2節で、ボウルビィの愛着理論により、乳幼児期という発達の初期に特定の人物への情緒的結びつきを形成することの大切さを述べた。

　彼が愛着理論において、乳幼児がどのような状況で育てられることが大切であるのかを明確に指摘したことは、発達心理学に多大な影響を与えたのであるが、その後の愛着研究において、「乳児はまず特定のひとりの人物に愛着を形成する」と考えるボウルビィ理論についていくつかの議論が沸き起こった。

　彼は、養育者と子どもの初期の特殊な二者関係を強調し、乳児はまずその養育者を愛着の対象とすると考える。しかしながら、現実には、養育者と乳児の関係は、父親や他の家族をも含めた家族システムの一部分であり、1970年代後半から盛んになった父子関係研究においては、父親も母親と同様、愛着の対象になっているという結果も示されている。

　さらに、人間関係のはじまりを、母親と子どもという「対的」関係からと

らえようとする理論に対して、二者以上の関係のなかでとらえるソーシャルネットワーク理論も展開されている。ソーシャルネットワークは、母親、父親、兄弟、祖父母、仲間などを含むさまざまな対象からなり、子どもは誕生のときからその能動的な参加者として存在する。したがって、母親との関係を土台にして、それが家族に、そして仲間にと広がるというのではなく、乳児の人間関係の広がりは最初から多方向だという説である。

いずれにしても、人間の赤ん坊は出生直後からすでに社会的な存在なのである。

3 ── 仲間関係

新生児では、自分の泣き声のテープを聞いても泣き出すことはないが、他の新生児の泣き声を聞くと泣き始めることが報告されている。自分以外の泣き声に情動的な反応を引き起こす仕組みが生得的に備わっているのではないかと推測される。

集団保育場面などでは、3か月の乳児でも、他児に対し、見る、発声する、さわるといった行動が認められ、4〜5か月には、それぞれが保育者に抱かれたまま他児に手を伸ばしたり、服をつかんだりする行動を示す。半年を過ぎるとお互い見つめ合ってかかわっていこうとするしぐさを示し始め、9か月ごろには、這って接近していったり、相手の発声に微笑んだり、物を介したやりとりをするようになる。

乳児の仲間との相互作用は、媒介手段としての「物」が重要な役割を担っており、親とのコミュニケーションがかなり洗練された形でできるようになってから、仲間とのより高次な相互作用が可能になってくるようである。

また、乳児期の仲間関係には、介在するおもちゃのような物以外に、仲間と接触した経験の量も影響すると考えられる。

ところで、これまで仲間関係という言葉は主に幼児期後半の子どもたちの人間関係に関して使用されるのが普通であったが、今日、集団で保育される機会が増すにつれ、関心がもたれるようになり、今後、上述した以外のことがらについても解明が進むものと思われる。

● 「第2章」学びの確認
①新生児の有能性を示す実験結果をあげてみよう。
②愛着形成のプロセスを整理し、親の養育態度との関連について考えてみよう。
③「臨界期」と「感受期（敏感期）」の意味を確認してみよう。
④言語獲得を説明する理論について整理してみよう。
● 発展的な学びへ
①ジーニーの例、FとGの例から学ぶべきことを列挙してみよう。
②早い時期から集団で保育される子どもが増えてきたが、人とのかかわりを順調に発達させるために、保育者として留意すべき点はどのようなことか考えてみよう。

引用・参考文献

1）ボウルビィ，J.（黒田実郎他訳）『母子関係の理論Ⅰ　愛着』岩崎学術出版社　1969年
2）ブルーナー，J.S.（寺田晃他訳）『乳幼児の話しことば―コミュニケーションの学習』新曜社　1988年
3）カーチス，S.G.（久保田競他訳）『ことばを知らなかった少女ジーニー―精神言語学研究の記録』築地書館　1992年
4）チョムスキー，N.（川本茂雄訳）『言語と精神』河出書房　1972年
5）藤永保他『人間発達と初期環境―初期環境の貧困に基づく発達遅滞児の長期追跡研究』有斐閣　1987年
6）後藤宗理編『子どもに学ぶ発達心理学』樹村房　1998年
7）本郷一夫編『発達心理学―保育・教育に活かす子どもの理解』建帛社　2007年
8）鎌原雅孝他『やさしい教育心理学』有斐閣　1999年
9）クラウス，M.H.・ケネル，J.H.（竹内徹他訳）『親と子のきずな』医学書院　1982年
10）無藤隆編『発達の理解と保育の課題』同文書院　2003年
11）永江誠司『脳と発達の心理学―脳を育み心を育てる―』ブレーン出版　2004年
12）中島誠編『［増補］発達臨床心理学』ミネルヴァ書房　1998年
13）成田朋子編『発達心理学』聖公会出版　2007年
14）ポルトマン，A.（高木正孝訳）『人間はどこまで動物か』岩波書店　1961年
15）佐藤眞子編『乳幼児期の人間関係』培風館　1996年

●○● コラム ●○●

運動機能の発達

　出生直後は新生児反射のみを駆使して反応するほかなかった新生児も、月齢が進み、さまざまな人や物とかかわるなかで、運動機能も発達させていく。

　首がすわり、手足の動きが活発になり、寝返り、座る、這う、立つ、といった運動機能が発達し、また自由に手を動かせることにより、周りの人や物に興味を示し、探索活動を活発に行い、その結果、知的にも発達する。つまり、運動機能の発達と知的発達は深くかかわっているのである。

　このような乳幼児期の具体的な運動を身につけるプロセスを表に示す（表2－4）。

　表に示された年代の後に進んでも、心の発達と身体の発達は密接にむすびついており、バランスのとれた発達が望まれるが、今日、子どもを取り巻くさまざまな環境の変化により、体格と運動能力のアンバランスが指摘されている。

表2－4　乳幼児期の運動発達

年齢	操作運動	姿勢コントロール・移動運動
0歳	・把握反射（0：1） ・物をつかもうとする（0：3） ・見た物をつかむことができる（0：5） ・持った物を放すことができる（0：6） ・必要な片方だけを動かしてつかむことができる（0：6） ・手の指がはたらき始める（0：7） ・指先でつかむような持ち方ができる（0：8） ・積木の上に別の積木が置ける（0：10） ・指先と人さし指、中指が相応してつかむような持ち方ができる（0：10）	・腹ばいの姿勢であごを持ち上げる（0：1） ・腹ばいで頭を上げる（0：2） ・首がすわる（0：3） ・支えられれば座る（0：4） ・あおむけに寝て頭と肩を上げる（0：5） ・寝返りをする（0：6） ・エンコができる（0：7） ・ハイハイが始まる（0：8） ・つかまり立ちができる（0：9） ・椅子にうまく腰かけられる（0：10） ・支えられて歩く（0：11）
1歳	・つかみ方、放し方が完成する（1：0） ・スプーンで食事をする（1：6） ・積木を3つ積み重ねる（1：6） ・わしづかみでなぐり書きができる（1：6）	・ひとりで立ち上がる（1：0） ・ひとりで歩く（1：3） ・ころびながらも走れる（1：6） ・なめらかに歩ける（1：8）
2歳	・積木を6、7個積み上げられる ・絵本のページを1枚ずつめくられる ・さかさまにしないで、スプーンを口に運べる ・コップを片手でつかめる ・円形をまねられる ・簡単な衣類を身につけられる ・箱をあけられる ・円・正方形・正三角形を形態盤に入れられる	・広い歩幅だが、うまく走れる ・数段の階段をひとりで上り下りできる ・低いすべり台に上り、すべれる ・大きなボールを蹴ることができる ・大きなボールを投げられる ・広いハシゴを1段ずつ下りられる ・約30cmジャンプできる

3歳	・積木を9個積み上げられる ・積木を3個用いて橋を作れる ・キャッチボールができる ・スプーンからほとんどこぼさない ・握り箸で箸を使える ・水差しからつげる ・ボタンをはずせる ・靴をはける ・図形を模写できる ・直線をひける ・のりづけができる ・ハサミを使える	・つま先立ちで歩ける ・目的地まで走れる ・階段で最下段からとび下りられる ・片足で立てる ・両足でホップできる ・片足で車を押せる ・三輪車に乗れる ・ブランコに立って乗れる ・長い階段を、ひとりで1段ずつ下りられる ・45～60cmジャンプできる ・でんぐり返しができる
4歳	・ハサミで曲線を切れる ・ハサミとのりを使って、紙で簡単なものが作れる ・不明瞭な図形や文字を書ける ・小さなボールをキャッチして、前方へ投げられる ・ひとりで着衣ができる ・洗顔・歯みがき・鼻かみがだいたいできる	・疾走できる ・ひとりで交互に足を運んで、狭いハシゴを下りられる ・三輪車を上手に乗りこなす
5歳	・高度な積木遊びができる ・紙を三角形に折れる ・四角型を模写できる ・小さなボールをキャッチして、側方に投げられる ・上手に投げられる ・見えるボタンならはめられる ・簡単なひも結びができる ・図形・文字・数字を模写できる	・足をそろえて立てる ・スキップができる ・片足で10回以上ホップができる ・交互に足を運んで、上手に広いハシゴを下りられる ・ジャングルジムの上の方まで、ひとりで上れる ・一直線に歩ける ・ブランコをひとりでこげる

(本郷（2007）―（小松（2004)を一部改変したものを引用）

（注）：（1：8）、（1：3）などの表記は月・年齢を示している。例えば（1：8）は、1歳8か月を意味する。

資料：『発達心理学―保育・教育に活かす子どもの理解』建帛社　2007年　p.15

第3章 子どもの発達（Ⅱ）

◆キーポイント◆

この章では、子どもの発達過程を学び、子どもとどうかかわればよいかを考える。子どもは自分をどのように見ているだろうか。自分の気持ちをどのようにとらえ、伝えようとしているだろうか。子どもの自己意識、言語、認知の発達を学ぶことにより、子どもの特徴を知り、子どもの行動のどこに目を向ける必要があるのかを考え、子どもの主体性を尊重して、社会の一員として育っていくために保育者として必要な力をつける。また、子どもの生活の中心は遊びであるといわれるが、遊びとは何か、子どもにとって遊びはどのような意味をもっているか、年齢とともに遊びはどのように変化するかを学び、保育者と子どもとの遊びを通してのかかわり、遊びを豊かにするにはどのようにしたらよいのかを考える。

第1節●自己意識の発達

1 ── 自己意識とは何か

自分についての意識が自己意識である。自分を自分たらしめているもの、自分らしさの総体が自己である。しかし、それが何であるかというのは難しい問題である。自分はどんな人間であるか、言葉で表現することは難しい。フランスの哲学者デカルトの有名な言葉「我思う、ゆえに我あり」にあるように、思う主体を自己と認識する存在が自己であると考えることができる。自分について考えるには考えている自分（主体としての自己）と考える対象になっている自分（客観的自己）とが分離されなくてはならない。

エリクソン[※1]は、発達の各時期において対立し合う2つの課題の均衡の上に自己を定義している。

2 ── 自己意識の発達過程

（1） 身体自己の発達

乳児は自分と他者、周りの事物とが未分化で、自分という意識をもってい

※1　エリクソン Erikson.E.H.（1902－1994）。人の誕生から死までを8段階に分け、それぞれに発達課題を設定した。基本的信頼対不信、自立対恥と疑惑といった危機を乗りこえて、自我同一性を獲得する過程として発達の概念を提唱した。

ないように見える。例えば、母親の気分に同調する。他の赤ちゃんが泣くと一緒に泣きはじめる。おもちゃに対するのと同じように、自分の手や足にさわったり、なめたりする。自分の身体をさわったり、なめたり、何かにぶつかって痛みを感じたりするときの自己受容感覚が自己を意識させると思われる。これは身体自己といわれる。姿勢を変え、身体を動かすなかで、子どもは自己の身体を統制することができるようになる。それとともに、他者と一緒に何かを行い、他者から名前を呼ばれ、かかわるなかで自己の意識に芽生える。

　1歳後半には、子どもは自分の名前を呼ばれると手をあげたり、返事をしたりして応え、自分の名前を言えるようになる。2歳前後には、鏡の自己像が自分自身とわかり、写真やビデオの映像を自分と認知するようにもなり、自己を客体としてとらえる。

(2) 自我の芽生えと反抗期

　1歳半ごろから2歳になると、自分の要求を表現して「いや」という言葉を頻発する。1歳ごろまでにおとなの言葉が次第に理解できるようになり、おとなの指示に応えるようになるのに対し、自己を主張するようにもなる。こうした時期を反抗期と呼ぶ。これは世界を「大きい－小さい」「長い－短い」など対の世界としてとらえられるようになることと関連し、おとなの「しなさい」に対して「しない」という反対の主張が出てくる。子どもなりの見通しをもち、それが崩されると抵抗を示すのである。

(3) 他者とのかかわりのなかでの自己意識の形成

　4歳ごろになると、周囲の状況を取り入れつつ自己主張できる。「今、ほしいけれども、～まで待つ」と先の見通しをもつなかで待つことができるようになる。他の子どもの状況を見るようになると、自分と他を比べて優劣の意識と自尊心をもちはじめる。できないと思うことには、不安を高め、引っ込み思案になったり、逆に強がったりする。子どもは自分について周囲の評価を取り入れて意識する。自分の姓名、年齢、性別が言えるようになり、自分の客観的属性を意識する。自分を客観的に見て「○○チャン」ではなく、「ボク」「ワタシ」と一人称で表現する。「大きくなったら○○になる」と現在だけでなく、未来を見据えたとらえ方もできる。4歳ごろは、ウルトラマンや

キティちゃんのような非現実的なキャラクターになると思っていることも多いが、就学前になると、サッカーの選手やケーキ屋さんと現実的なとらえ方ができる。

(4) 客観的な自己意識の形成

小学校に入り、系統的な教科学習が行われるなかで自己のとらえ方も大きく変化する。学校教育で、知識・技能を習得するなかで周りの子どもとの競争・協力関係をもち、自分の社会的位置が明瞭になる。自分は、背が高い、走るのが速い、漢字をたくさん知っているなど、さまざまな視点で自分をとらえ、よいところと悪いところ、得意なことと不得意なことなどを多面的にとらえられるようになる。児童期の初めは身体的成長も恒常的に生じ、運動能力や本を読む力、絵を描く力などさまざまな技能も進歩が大きい。全般的に自分に自信をもてる時期である。小学校のなかごろには、長所・短所を性格や趣味・特技など一般的な特性として自覚するようになる。自己の将来について、なりたいものになれる可能性を考え、どうすればなれるかと将来設計をしたり、自分には無理だと思って、失望したりもする。自己を客観的にとらえる一方、教師や友達からの評価に敏感になることで、強い劣等感をもったり、優越感をもったりすることもある。適正な自己概念をもつことがこの時期の課題である。

(5) 自己概念の見直し

思春期に身体の急激な成長が生じ、性的変化（第二次性徴の出現）もあり、自己の身体のコントロールがうまくいかないという感覚を生じることがある。論理的思考の発達もあいまって、青年は自己について見直す時期ともなる。エリクソンは自我同一性の混乱と確立を青年期の発達課題としている。成年期・老年期と自己に対する概念は、人生の終わりまで変化するものである。

第2節●言語機能の発達

1 —— 言語の機能

言語には大きく分けて3つの機能があるといわれている。伝達（コミュニケーション）の手段としての機能、思考の手段としての機能、行動調整とし

ての機能である。

(1) 伝達機能としての言語の発達

　このなかで最初にあらわれるのは伝達機能である。子どもは生まれて間もなくから周りの人々と情動的に交流している。子どもは母親の顔や声に事物に対するのとは異なる特別な反応を示し、母親は子どもの表情や声、身体の動きで感情を読み取る。子どもは言葉に対して特別な反応をするようになり、話しかけられると泣き止み、注視する。子どもは7・8か月になると、何かを見つけたとき、「アーッ」などと言って、物に手を差し伸ばし、母親の顔を見る。母親が物を指さして何かを言ったとき、母親の顔を見て指の先にある物を見つめる。このように、音声を介して人と物と自分を結びつけることを三項関係（第2章参照）の成立といい、言葉の成立の基礎をなし、音声が何かを伝達する手段として意識されたことをあらわしている。1歳前後には、おとなの言葉を状況のなかで理解し、おとなの指示に応えようとする。1歳

表3-1　子どものことばの始まり

		例（初出）
存在物	人間	パパ（1：5）
	人間以外の固有名	パンマン［アンパンマン］（1：5）
	食べ物	ゴアン［ごはん］（1：7）
	動物	ワンワン［四足動物］（1：3）
	身体の部分	アシ（1：8）
	乗り物	ブーブー［自動車］（1：5）
	身体につける物	パ［パジャマ］（1：6）
	道具・玩具	ポン［ボール］（1：7）
	その他	プー［おなら］（1：8）
行為		ネンネー［ねんねさせる］（1：3）
存在・非存在		ナイナイ（1：6）
属性・性質		カワイイネー（1：3）
感覚・感情		イテー［痛い］（1：3）
対人関係（挨拶含む）		バイバイ（1：6）
ダイクシス		ココ（1：4）
音まね・歌		ワンワンワンワーン、ワンワンワンワーン［犬のおまわりさんの歌］（1：7）
抽象的関係		トーツ［ひとつ。階段を下りながら］（1：8）
物と事象		ボン［ボールを渡しながら］（1：6）
助詞など	助詞	ネ［終助］（1：5）
	助動詞	ナイ［否定「トドカナイ」］（1：11）
	その他	マー［まだ。副］（1：9）

（注）：（1：5）、（1：7）などの表記は月・年齢を示している。例えば（1：5）は、1歳5か月を意味する。

資料：荻野美佐子・小林春美「語彙獲得の初期発達」桐谷滋編『ことばの獲得』ミネルヴァ書房　1999年　p.102

ごろになると、一定の音声が一定の意味をもって使用されるようになり、言葉のはじまりといわれる。これは表3-1に示すように身近なものや動作をあらわす単語であるが、その1語がさまざまな意味を表現し、豊かな伝達力をもつ。2歳ごろには2語文、3語文と文が成立し、3歳ごろには日常生活のなかで言葉によって意志の伝達が成立する。

　言葉は、人としての遺伝的生得的な基礎によるとともに、母国語の言語体系を習得するなかで発達する。幼児期の文法習得過程のなかであらわれる誤用は、どの言語でもあらわれるとともに各言語に特有な形であらわれる。

(2) 思考の機能としての言語の発達

　3歳ごろになると、独り言がよく出る。絵を描いたり、ピクチャパズルをするときに1人でごにゃごにゃ言うことがある。ピアジェ[※2]はこれを子どもの自己中心性のあらわれであるとした。ヴィゴツキーは、独り言は言語が思考の機能をもちはじめたことをあらわすとした。独り言は、子どもが1人で遊んでいて問題が生じ、その解決がスムーズにいかないときによく生じる。乳児期の子どもは物を実際に見たり、さわったり、動かしたりすることによって、物を確かめ、状況を把握する。2歳ごろになると、実際に物に働きかける前に、あたかも頭のなかでイメージを動かしているかのような試し的動作があらわれる。試し的動作が頭のなかだけで行われるようになるときに言葉が伴い、独り言となる。7・8歳ごろになると独り言は内面化し、言語的思考が成立する。

　子どもが「こうやって…、こうなって…」と1人で何かぶつぶつ言いながら遊んでいることは、よく見られることである。行き詰まって困っているようなら、声をかけて援助することもよいが、考えている状態を大切にしたいものである。

※2　ピアジェ
Piaget,J.（1896 － 1980）。認知発達理論を論理操作の獲得過程として展開した。感覚運動期、前操作期、具体的操作期、形式的操作期の4つに発達段階を分けた。幼児の思考の特徴を（自己）中心性としてさまざまな面から説明している。幼児教育に大きな影響を与えた。

(3) 行動調整とその発達

　子どもは興味のままに行動し、何かを静かに待つのは難しく衝動的であるといわれる。それは子どもの生理的特性であるとともに社会的特性でもある。子どもにとって、おとなの言葉は何らかの行動を始める合図として受け取られる。多くの母親は赤ちゃんに「～しよう」と声をかけてから授乳やおむつ

交換を行う。手の機能が発達し、運動能力が増すと母親は「だめ」と言って、危険なことを制止する。「だめ」というおとなの制止は、最初は制止としてではなく鼓舞として働き、子どもの行動を促進してしまう。「だめ」と言われて動作を制止することが可能になるのは1歳近くなってからである。子どもは食物が食卓に出るとすぐ手を出す。準備が整うまで待たせるためには「待って、まだ」というおとなの言葉が必要であり、それも短時間でなければ待てない。「まだ、まだ」と自分に言い聞かせて、自分自身の言葉で待てるようになり、自分の行動を言葉で調整できるようになるのは3歳ごろである。

(4) 言葉を使いこなす時期

3歳ごろになると、言葉の基本的機能が整い、言葉で伝え、考え、行動調整する。4歳ごろには日常生活で使用される語はほぼ獲得し、文法構造も複雑な長い文章を話すようになる。日本語独特の言い回し、例えば、助数詞（個、冊、本などの数え方）を区別して使う。しかし、子どもの生活圏は大きく広がり、新しい人に会い、新しい物に触れる経験が増える。伝えたいことと言語能力との差が大きく、言いたいことを上手に表現できず、「アノー、ソレデー…」とつまったり、造語したりと言葉のトラブルも多い。せかしたり、言い直したり、先回りして言いたいことを言ってしまったりせずに、子どもと話すことが必要である。

2 ── 書き言葉と話し言葉

小学校入学は言語の発達に大きな影響を与える。それは書き言葉の習得である。書き言葉は話し言葉とは異なる特徴をもつ。

第1に、書き言葉は場面を共有していない人に情報を伝えるという機能をもつ。話し言葉は目の前にいる人とかわされ、場面を共有しているので場面が伝える情報が大きい。例えば、「それください」と言って、手を伸ばせば何がほしいかがわかる。書き言葉は物の名前を明らかにしなければ伝わらない。

第2に、話し言葉は話したいことをまず話し、わかりにくいと思ったら後から補足する、または、聞き手の質問に答えて補足することができる。一方、書き言葉（文章）では、文法規則にのっとって計画的に書かなければ意味がわからなくなる。

第3に、話し言葉は話し手の表情、声の抑揚、身振り、手振りなど全身で話の内容が伝わる。喜んでいるのか、悲しんでいるのか内容がわかりにくくても雰囲気で伝わる。しかし、書き言葉では、文字（筆跡）で書き手の気持

ちが読み取れる場合もあるが、基本的に文字で気持ちは伝わらない。文章に表現することで、初めて感情が伝わるのである。文字を習得するために文字の形を弁別し、字を書く動きをコントロールする必要があるという以外に、書き言葉の習得のためには思考の計画性、系統性が必要とされるのである。

さらに、児童期には抽象語や比喩の理解を得て子どもの言語能力は飛躍的に拡大する。

第3節 ● 認知の発達

1 ── 認知発達の発達段階

乳児は目で見た物に手を伸ばし、叩いたり、押したり、転がしたり感覚・運動器官を通して確かめる。幼児は行動する前に状況を頭のなかの像と見比べる。このような行動の変化を分析し、ピアジェは子どもの認知発達を認知の図式（シェマ）の特性によって、表3−2のような4つの段階に分けた。第1段階は感覚運動期、第2段階は前操作期、第3段階は具体的操作期、第4段階は形式操作期、認知発達の完成期であり、11・12歳ごろに到達する。この発達をもたらすものとしてピアジェは、同化、調節、均衡化という過程を想定した。子どもは外界に対し、自分のもっている図式（シェマ）によって働きかける。例えば、物を落とすことができるようになった子どもは、目の前にある物を何でも落とす。これは同化である。しかし、落とすと壊れてしまったりなくなってしまったり、落とす行為がその対象に対して適切でな

表3−2 ピアジェの発達段階論と各段階の特徴

感覚運動期		第1段階 反射の行使 第2段階 最初の獲得性適応 第3段階 第2次循環反応 第4段階 シェマの結合 第5段階 第3次循環反応 第6段階 心的結合による新しい手段の発明	感覚機能と運動機能によって外界を認知
表象的思考期	前操作期	前概念的思考段階	前概念（一般と個別が未分化な概念）
		直観的思考段階	保存概念をもたない
	具体的操作期		具体的場面では論理的な思考が成立
	形式的操作期		形式的・抽象的思考が成立

資料：ピアジェ, J.（谷村覚・浜田寿美男訳）『知能の誕生』ミネルヴァ書房 1978年 およびピアジェ, J.（波多野完治・滝沢武久訳）『知能の心理学』みすず書房 1967年より作成。

い場合には、自分の行為を別のものに変更しようとする。

　これが調節であり、新しいシェマが獲得されることにもなる。このように子ども自身が外界に働きかけ、同化、調節によって認知機能が発達する働きを均衡化と呼んだ。

　この過程は、動作的な行為のみでなく頭のなかで営まれる知的行為についても同様である。幼児期は前操作期であり、イメージが発達し、イメージによって思考する。子どもは周りの対象を外見が同じであるかどうかで判断する。子どもは量や数の多少などの判断についてもイメージによって行う。その結果、適切でない場合もあることを知り、子どもは新しいシェマを獲得し、具体的操作期に入る。

2 ── 幼児の認知の特徴

　子どもの認知発達を課題状況とあわせて細かく検討する試みがなされている。例えば、ピアジェは、自己中心性のあらわれの1つとして、汎心論（アニミズム）をあげている。汎心論とは、生物も無生物も区別せず、何でも生きており、心があるとする考え方である。子どもは机にぶつかって机が痛かったろうと謝ったり、雨に濡れている石は冷たくてかわいそうだと言ったりすることがある。だが、子どもが身の周りのものについてどのようにとらえているかを調査すると、子どもは生物とは成長するものととらえ、人間と似ているかどうかと擬人的にとらえはするが、何らかの判断基準をもって区別しようとしていることが示されている。数量判断についても、抽象的場面で問うと前概念的思考水準の見かけにとらわれた判断をするが、もらった飴を比べるなどの具体的場面を設定すると、正しい結論を出すことができる。

　例えば、図Aのように白い丸と黒い丸を1対1対応の配置で並べて、白と黒の丸の数を比べさせる。4・5歳児でもこの場合、数が同じであると答える。

図A

○　　○　　○　　○　　○
●　　●　　●　　●　　●

　そこで、子どもの目の前で丸の配置を図Bのように変えて、再度、丸の数の多少等判断を求める。

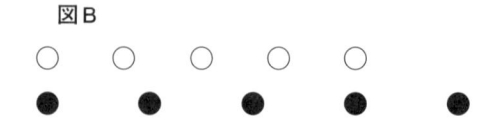

図B

○　　○　　○　　○　　○
●　●　●　●　●　●

　すると子どもは、黒の丸のほうが多い（または少ない）と見かけに影響さ

れた答えをする。ピアジェはこのような思考を直感的思考としている。子どもは列の長さと密度の2つを同時に考慮することができず、列の長さ、または密度のどちらかしか見ないからである。

しかし、後に、ゲルマン他によって、このような実験的な場面ではなく、日常的ストーリーを入れて質問すると答えは変わることが示された。例えば、先の図を2人の子どもが飴をもらった場面とする。もらった数は同じかどうかを聞き、同じ数であることを確認した後、「いたずらくまさんがきて、並べ替えてしまった」「持って帰ろうと思ってまとめた」など配置が変わる理由を日常的なものにすることによって、子どもは数が変わらないと答えることができた。このことからは、思考の働き方は、場面とのかかわりなしには考えることはできないといえるであろう。

物理的現象についても、落下状態にあるはずの物が上昇したり、硬い物をつきぬけて動く物があったりすると驚くなど、物理法則に対して一定の理解があることが示されている。3～4歳になると、子どもはしきりに「なんで」と理由を聞きたがるが、限界があるにせよ、外界を正しく認知しようとしており、子どもの能力を把握しながら、外界認知を指導することが大切である。

3 ── 心の理解

子どもは外界認知とともに人間についても、考えたり、喜んだりする「心」の動きをもっているという理解、「心の理論」をもつ。3歳ごろには、頭のなかで行動したと想像することは、実際に行動することとは異なることがわかってくるようになる。しかし、自分の知っていることと、他者が知っていることは同じではないということは4歳以上にならないと理解できない。

「心の理論実験」といわれる研究がある。ある子どもが、箱にお菓子をしまって遊びに出かけたとする。その間に、他者がこのお菓子をかごに入れなおしたとしたら、遊びから帰って来た子どもはどこを探すだろうか。4歳までの子どもは、お菓子は箱からかごに入れ替えられたことを自分が知っていることと、話のなかの子どもが知っていることとを区別せず、かごを探すと答える。4歳以上になると自分の知っていることと他者の知っていることとを区別することができるようになる。そこで子どもは、話のなかの子どもは箱のなかのお菓子が入れ替えられていることを知らないのだから、本当はかごのなかにお菓子があるのに、箱のなかにあると実際とは違って、間違って思っている（誤概念をもっている）ことを理解し、「箱のなかにあると思っている」と答えることができるようになる。しかし、他者がどのように考え、感

じているかを理解するためには、日常生活のなかで友達をはじめいろいろな人と出会い、交流することが大切である。

第4節 ● 遊びと子どもの発達

1 ── 遊びとは何か

　遊びは子どもの生活そのものであるといわれる。『幼稚園教育要領』『保育所保育指針』にも遊びを中心とした保育がうたわれており、子どもと遊びは切っても切り離せないものである。16世紀の画家ブリューゲルの「こどもの遊戯」に描かれた遊びのなかには、現代でも行われている遊びが多くある。いつの時代でも、子どもはどうしたら楽しく遊べるかを知っている。しかし、遊びとは何かといわれると明確に定義することは困難である。気晴らし説、補償説、余剰説、練習説など遊びについては諸説ある。それらに共通していることは、遊びは自発的で、主体的活動であり、何かを目的として行われるのではなく、過程を楽しむものであるということである。また、おとなの遊びと子どもの遊びとは同じ遊びではあるが、子どもは遊びのなかで発達し、学習するという点で異なる面もある。

2 ── 子どもの遊びの分類

　ビューラーは、子どもの遊びを機能遊び、想像遊び、受容遊び、構成遊びに分けている。乳児は自分の身体（目や耳、手や足等）を動かし遊んでいるが、これは身体の機能を楽しんでいるのであり、機能遊びといわれる。幼児期にままごとをしたり、人形遊びをしたり、自分が何かになることを想像して遊ぶが、これは想像遊びという。音楽を聴いたり、絵本や人形劇を楽しむのは受容遊びである。積み木遊びや描画は何かを構成するので構成遊びといわれる。現在でも、乳幼児に見られる遊びである。ピアジェはルール遊びを

児童期の遊びとして認知面から分析している。体系的にルールを理解し、ルールを守るべきものと認識するのは具体的操作期に入ってからであるとしている。しかし、「いないいないばあ遊び」や「おいかけ遊び」はルールを内在しており、ルール遊びのはじまりは幼児期のかなり早期と考えることもできる。

3 ── 遊びは幼児期にとってどんな意味があるか

　子どもは遊びのなかで学習する。電車ごっこを例に考えてみる。子どもは1本の縄を見つけてなかに入り、「シュッパツ」と叫んで走りはじめる。スピードを上げて精一杯走り、途中の駅で止まったり、線路がカーブしているつもりになったりして走る。運動会のリレーの練習で「がんばって」と保育者に激励されて走るときと同じように、むしろ、それよりも一所懸命に走る。遊びのなかで走る力が発達し、動きをコントロールする力を獲得する。また、運転手役をすることによって、運転手はどのような操作をしているのだろうかと電車やバスに乗ったときには、運転手の動作を注意深く見て、家に帰ってから再現するというように集中する力を育てる。

　単語のリストをただ暗記するように求められても覚えられないが、ままごとで買い物役になれば買い物リストを覚えて出かける。日常生活では幼児が数種の品物の買い物を頼まれ、1人で出かけることはほとんどあり得ない。しかし、遊びであればできることである。

　ひとり遊びはひとり遊びとしての意義があるが、3・4歳児ともなれば数人、時には10人以上で遊ぶこともある。遊びのなかでは何をどのようにしたいか自分の意見をもつことはもちろん、時に他者に譲らなければならないことも出てくる。子どもの遊びには喧嘩はつきものといわれる。遊びのなかでの喧嘩の原因は、物の取り合い、順番の争い、ルールの食い違いなどである。0・1歳児は自分の使っている物に他の子どもが手を出し、取ろうとすると、取られまいと抵抗するが、取られてしまえば容易に他の物に気をそらされてしまう。物を取ったり、取られたりするなかで所有の意識、他者に対する意識が芽生える。集団で遊ぶなかでは順番やルールが必要となり、順番やルールも遊びのなかで意識されるといえる。

4 ── 遊びの指導

　遊びは自発的で主体的活動であるが、子どもは放っておけば自然に遊ぶとは限らない。子どもが遊ぶためには環境設定が重要である。

(1) 生活体験の充実

　ごっこ遊びが行われるためには、子どもがごっこで遊びたいと思うような活動が必要である。子どもは母親と同じようにご飯をつくり、お客さんをもてなしたいが、現実には実行できない。遊びのなかでその欲求を満足させる。子どもは、運転手さん、お医者さん、幼稚園・保育所の先生など自分がなりたい役になって遊ぶのである。ごっこ遊びは想像遊びではあるが、現実の生活をふまえたうえでの想像であり、ごっこ遊びを豊かにするためには生活が楽しく、豊かでなければならない。最近は、家庭も街も機械化が進み、人が働いている姿を見ることが難しくなりつつある。テレビアニメや物語の世界がごっこ遊びに再現されるが、子どもが憧れるおとなの生活を体験させたいものである。子どもが数人で遊ぶためには、経験を共有することも必要である。他の子どもが遊んでいるなかに加わるには、その子どもの言葉や動作が何を意味するのかがわからなければならない。「イラッシャイ」と言えば、お店屋さん、「シュッパツ」と言えば電車ごっこという了解があって初めて子ども同士のやりとりが成り立つ。

(2) 象徴機能の発達とごっこ遊び

　ごっこ遊びは見立てから始まる。あるものを他のものに見立てる象徴機能の発達を考慮することが必要である。2歳児は壁のしみやビスケットのかけらを見て、「○○みたい」と言う。一見、象徴機能が発達しているようであるが、子ども自身が類似性を認められるものでなければ、見立ては成立しにくい。電車ごっこをするには電車や切符のおもちゃが必要である。箱にタイヤや窓、ドアをつけたものを用意すると遊びが始まる。年長になれば、見立てはより恣意的になる。見かけは似ていなくても見立てることができる。ミニチュアのおもちゃや実物らしさをつけた手作りおもちゃではなく、箱、ひも、紙など自由に、多様に使用できる素材が活用される。

(3) 遊びのなかでの子どもと保育者のかかわり

　子ども同士の遊びに保育者はどのようにかかわったらよいのであろうか。子ども同士で遊んでいるときには保育者はかかわらず、見守っているだけのほうがよいとする考え方もある。これに対し、幼稚園や保育所において遊びの指導は必要であるとする立場もある。保育者がいつも遊びを提起し、遊び方を教え、遊びを指示するのでは、遊び本来の自発性・自主性が損なわれ、遊びではなくなるというのである。しかし、幼稚園・保育所は、時間・空間の限られたなかにおける集団での教育を意図しているので、子ども任せにし

ていては遊びが停滞したり、特定の力の強い子どもだけが楽しい遊びになってしまう恐れがある。子どもの遊びが豊かになるように、保育者は遊びへの加わり方、援助の方法など考えながら、遊びのおもしろさを子どもとともに追求していきたい。

●「第3章」学びの確認
①子どもの自己主張をどのようにとらえたらよいのか。具体例をあげながら考えてみよう。
②子どもの言葉を記録し、語彙、文構造、語の誤りなどについて年齢ごとに比較しよう。
●発展的な学びへ
①子どもの質問を記録し、どのように応えるかを考えよう。
②子どもの遊びとおとなの遊びを比較し、共通点と相違点を考えよう。

引用・参考文献

1）岩田純一『〈わたし〉の発達　乳幼児が語る〈わたし〉の世界』ミネルヴァ書房　2001年
2）桐谷滋編『ことばの獲得』ミネルヴァ書房　1999年
3）子安増生『子どもが心を理解するとき』金子書房　1997年
4）秋葉秀則・神田英雄・勅使千鶴・渡邉弘純『幼児とあそび　理論と実際』労働旬報社　1994年

イラスト提供
・常葉学園短期大学助手　若林知恵子

●○● コラム ●○●

文字指導について

　現在、幼児期は文字や数量を直接指導するのではない。1998（平成10）年に改訂された幼稚園教育要領において「日常生活の中で幼児自身の必要感に基づく体験を大切にし、数量や文字などに関する興味や関心、感覚が養われるようにすること」と示されている。日常生活のなかで身近な事象を見たり、考えたりするなかで数量や文字への感覚を豊かにし、関心をもつように幼稚園・保育所では事物に名前を貼ったり、グループ名を決めて、当番表をつくったり、さまざまな工夫をしている。しかし、ドリルを使って文字を教える幼稚園・保育所もある。文字指導の効果についての追跡調査によると、その効果は、一時的なものであり、中学年のころには消失してしまうことが示されている。文字の習得過程の研究から日本語の特性を考えると、文字の習得のためには、さまざまな言葉遊びのなかで行われる音韻分析、音韻抽出が効果的である。また、自分の思っていることを他者にしっかり伝えたい、さらに、離れている祖父母や知り合いに知らせたいという気持ちが育つことが大切である。それがなくて文字の書き方だけを教えても内容が伴わないものになってしまう。

第 4 章 学習行動の基礎

学習行動の基礎

◆キーポイント◆

　私たちは、日々いろいろな経験を通して、多くのことを身につけている。このことを心理学では「学習」という。「学習」とは、学校での教科の勉強のことだけを意味するのではない。
　乳幼児期は人生の基盤が形成されるとても大切な時期であり、子どもたちは体験を通して多くのことを身につけている。つまり、幼児教育・保育において「学習」は、とても重要なことだといえる。
　教師や保育者をめざす者にとって、子どもたちの「学習」について理解し、子どもたちの「学習」への適切な援助ができるような資質を培っていくことは重要なことである。
　本章では、「学習」の仕組みについていくつかの学習理論と、「学習」に関連の深い、記憶と知識について述べる。さらに、「学習」を促進するためのヒントとなる、学習の転移と構えや学習の仕方についても述べる。

第1節 ● 行動主義からみた学習

　心理学における「学習」の定義には、「経験による比較的永続的な行動の変容」と「知識の獲得」がある。「経験による比較的永続的な行動の変容」は行動主義[※1]からみた学習理論における定義であり、「知識の獲得」は認知主義[※2]からみた学習の定義であるといえる。本節では、行動主義からみた学習についての理論を学ぶ。認知主義からみた学習は第2節で述べる。
　行動主義からみた学習理論の特徴は、ある刺激とある反応が結びつくことで学習が成立したと考えることである。この考え方の主なものに、古典的条件づけ、道具的条件づけ、試行錯誤学習がある。

※1　行動主義
心理学の研究対象を客観的に測定できる行動に限定するとした主張。

※2　認知主義
行動主義に対し、直接的には観察できない心的活動も研究対象とするべきであるとした主張。

1 ── 古典的条件づけ（レスポンデント条件づけ）

　古典的条件づけ（レスポンデント条件づけ（respondent conditionig）とも呼ばれる）による学習に関する有名な実験に、パブロフの犬の実験がある。
　パブロフの実験は次のようなものである。まず、犬にえさを与えると犬は

唾液を出す。これは、犬がもともともっている刺激（えさ）への反応（唾液分泌）である。次に、えさを与えるときにえさと一緒にメトロノームの音を聞かせる。つまり、犬はえさをもらうときに必ずメトロノームの音を聞くという経験をする。この経験が犬にとって「学習中」となる。この経験を何度も繰り返すと、犬はメトロノームの音だけを聞いても唾液を出すようになる。つまり、新しい刺激（メトロノームの音）と反応（唾液分泌）が結びつく。このことを「学習が成立した」という。

　つまり、もともともっている刺激と反応の結びつき（上記の例の場合、えさを無条件刺激、唾液分泌を無条件反応という）があり、無条件刺激と新しい刺激（この場合は、メトロノームの音）を一緒に提示する経験を繰り返すことで、メトロノームの音（条件刺激）を聞いても唾液が出るようになる（このとき、唾液分泌は条件反応と呼ばれる）。つまり、新しい刺激と反応の結びつきができるのである。この一連のプロセスが「学習」と呼ばれる（図4－1）。

　さらに、このような「学習」が成立した後は、メトロノームに似た音に対しても唾液を出してしまうことがある。条件刺激に類似した刺激に対しても反応することを般化という。しかし、条件刺激のときだけえさがもらえ、類似した刺激のときにはえさがもらえない経験を繰り返すと、犬は条件刺激のときにしか唾液を出すという反応をしなくなる。このように刺激をはっきりと区別できるようになることを弁別という。

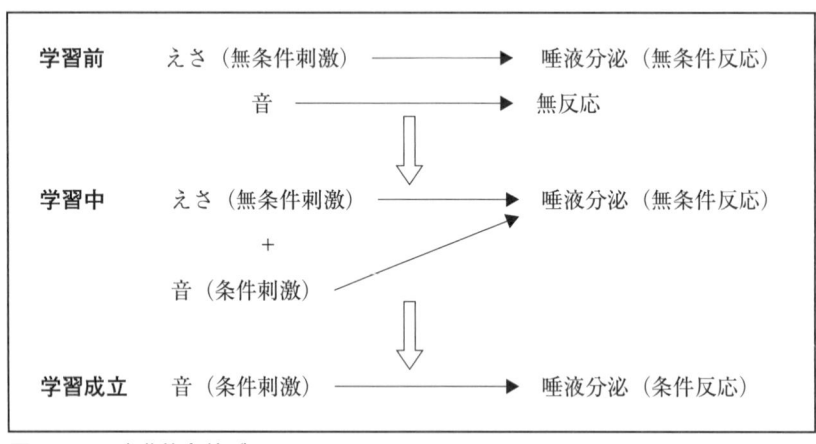

```
学習前    えさ（無条件刺激） ────────→ 唾液分泌（無条件反応）
         音 ──────→ 無反応
                    ⇩
学習中    えさ（無条件刺激） ────────→ 唾液分泌（無条件反応）
         ＋
         音（条件刺激）
                    ⇩
学習成立  音（条件刺激） ────────→ 唾液分泌（条件反応）
```

図4－1　古典的条件づけ

2 ── 道具的条件づけ（オペラント条件づけ）

　道具的条件づけは、「オペラント条件づけ（operant conditioning）」ともよばれ、スキナー[※3]によって研究された。彼の研究は、いわゆる記述的行動主義の代表的な行動原理を体系づけてきた。彼の実験は、スキナー箱と呼ばれるハトを用いた実験装置で行われた。実験は次に述べるようなものであった。

　スキナー箱に入れられたハトは、その行動レパートリィの範囲でさまざまな行動を示す。箱のなかを歩き回る、床をコンコンつつく、羽をバタつかせるなどである。箱の壁面に突出しているスイッチをくちばしでつつく行動が生じると、そのスイッチと連動して食物提示皿に豆が現れる。これによってハトは提示された豆を食べることができる。スイッチに接近し、それをつつく反応（「オペラント行動」と呼ばれる自発的行動）の頻度が高まれば、ハトは豆をたくさん得ることができる。空腹のハトにとって豆を摂取することは、それに先行する行動、すなわちスイッチに接近しつつくという反応を促進する効果をもたらしたと考えられる。すなわち「強化（reinforcement）」が行われたということになる。この手続きが道具的条件づけの最も基本となる型である。一方、「弱化」と呼ばれる手続きもある。具体的内容は以下の通りである。

※3　スキナー
Skinner,B.F. 20世紀を代表する心理学者の1人。行動分析の創始者。プログラム学習の提唱者でもある。

(1)　正の強化と負の強化（ある行動の出現を強める）

　ある行動が自発され、その直後にある刺激の提示（「随伴提示」という）が行われる。その結果として、ある行動の出現頻度や強度が上昇する。このとき、ある刺激は「正の強化子（positive reinforcer）」とよばれ、その手続きを「正の強化（positive inforcement）」と呼ぶ。

　また、ある行動が自発され、その直後にある刺激が除去（「随伴除去」という）されても、その結果として、ある行動の出現頻度や強度が上昇する場合がある。このときの刺激は「嫌悪刺激（aversive stimulus）」とよばれ、その手続きを「負の強化（negative reinforcement）」と呼ぶ。

(2)　弱化（ある行動の出現を弱めたり、消失させる）

　ある行動が自発され、その直後にある刺激が随伴除去（すなわち、正の強化子の随伴除去）されると、その結果として、ある行動の出現頻度や強度が次第に低下し、ついには消失してしまう場合がある。この手続きを「消去（extinction）」と呼ぶ。

　また、ある行動が自発され、その直後に嫌悪刺激の随伴提示が行われると、

その結果として、ある行動が弱められたり、消失したりする。この手続きを「罰（punishment）」と呼ぶ。

教育・保育への応用という観点から注意を述べるならば、正の強化は積極的に利用されることが勧められるが、弱化、特に罰の利用は禁止されることが望ましいことが理論研究からも明らかにされている。このほか道具的条件づけは、（応用）行動分析学として多くの概念と用語があり、教育・保育にも応用されてきている。機会があれば学習を拡大深化していただきたい。

3 ── 試行錯誤学習

試行錯誤とは、偶然行った行動が満足のいく結果をもたらした場合に、その行動が起こりやすくなるという現象のことである。試行錯誤学習とは、このような学習様式をいうが、広い意味では、道具的条件づけということができる。

ソーンダイク[※4]は、問題箱という箱のなかにネコを入れる試行錯誤学習の実験を行った。問題箱に入れられたネコは、どうにか箱から脱出しようといろいろなことを試みる。そして、偶然箱から出ることができる。そのネコをまた箱のなかに入れる。そうすると、前回よりも短時間で箱を出ることができるようになる。つまり、箱を出るために成功した行動が起こりやすくなるのである。これを効果の法則というが、試行錯誤学習は、このような法則を基盤に進んでいくとされる学習である。

※4　ソーンダイク　Thorndike,E.L. アメリカの実験および教育心理学者。教育心理学の研究に大きく貢献した。

第2節 ● 認知主義からみた学習

認知主義からみた「学習」の定義は、「知識の獲得」である。認知主義の考え方では、ある知識を新しく得ることで、行動が変容することを「学習」であると考える。つまり、あることに対する見方、とらえ方が変わることを「学習」という。

認知主義からみた学習の理論の主なものには、洞察学習、潜在学習、観察学習がある。

第4章●学習行動の基礎

1 ── 洞察学習

洞察学習の有名な例として、ケーラー[※5]のチンパンジーの実験がある。

ケーラーはチンパンジーを檻に入れて、檻の外にバナナを置いた。バナナの位置は、チンパンジーが腕を伸ばしても届かない距離にある。檻のなかには１本の棒が入れてあった。チンパンジーは、バナナを取るためにいろいろと試してみることなしに、じっと自分のおかれている状況を観察し、棒を使って檻の外にあるバナナを自分のほうに引き寄せてバナナを取ったのである。バナナを取るという状況を理解して、棒を使って引き寄せることがひらめいたのである。

ひらめくためには、ものの見方が変わる必要がある。この場合は、手が届かない距離にあるバナナを取るために、足りない長さを棒で補うことができるというように、棒のとらえ方が変わったのである。

※5　ケーラー
Kohler,W. ドイツの心理学者。ゲシュタルト心理学の中心的な研究者の１人。

2 ── 潜在学習

トールマン[※6]は、行動の変化がみられなくても、ある状況になればある行動が生じるための学習が起こり得ると考えた。これを潜在学習という。

トールマンは、ネズミに迷路学習をさせる実験を行った。ネズミは、迷路のゴールにたどり着くとえさがもらえるグループ（A群）、ゴールにたどり着いても何ももらえないグループ（B群）、前半の迷路学習では何ももらえないが後半の迷路学習ではえさがもらえるグループ（C群）の３つのグループに分けられた。

実験の結果は、次のようになった。A群のネズミは、学習を繰り返すごとにだんだんゴールに着く時間が短くなった。B群のネズミは、ゴールにたどり着く時間は変わらなかった。C群のネズミは、前半（えさがもらえない学習）には時間は変わらなかったが、後半（えさがもらえる学習）になるとゴールにたどり着く時間が急激に短くなった。

C群のネズミが、えさがもらえるようになると速くゴールに着くようになった理由は次のように考えられる。C群のネズミは、えさがもらえない学習のときに迷路のなかをいろいろと動き回ることで迷路の地図が頭のなかにつくられ、えさがもらえるようになったときに、その地図を利用してゴールまで速くたどり着くことができるようになったのである。頭のなかにつくられた地図のことを認知地図という。迷路についての知識だといえる。潜在的に認知地図がつくられ、その後の行動が変容したのである。

※6　トールマン
Tolman,E.C. アメリカの心理学者。学習とは、特定の記号（サイン）について、手段－目標関係が認知されることであるとした。

3 ── 観察学習

　観察学習とは、自分自身で経験しなくても他人（モデル）の行動を観察することでその後の行動を新たに身につけることである。観察学習は、モデリングとも呼ばれる。

　バンデューラ[※7]は、次のような実験を行った。おとなの女性が人形に暴力を振るうビデオを見せた子どもと、このようなビデオを見せなかった子どもが、女性と同じような状況（人形がある状況）におかれたときに、どのように行動するのか調べた。その結果、女性が人形に暴力を振るうビデオを見た子どもは、見なかった子どもよりも、人形に暴力を振るう傾向が強かった。つまり、他人がしていた行動を見るだけで、自分も同じように行動する傾向が強くなったのである。

　このことは、私たちの日常生活のなかでもよくある現象であり、子どもにとって暴力シーンの多い番組を見せることの危険性が指摘されるのも、このような現象が起きやすいことが理由となっている。お笑い番組などで、若手芸人に対して行われる暴言・暴力的な行為が、子どもたちの友達に対する暴言・暴力的な行為を助長している可能性も指摘されている。

　しかし、観察学習によって望ましい行動の学習を促進することもできる。養育者、保育者などのおとなが、社会的に望ましい行動をすることが子どものしつけに重要であると考えられているのも、観察学習が理由の1つとなっているのだろう。

※7　バンデューラ
Bandura,A. アメリカの心理学者。社会的学習理論を提唱した。

第3節 ● 知識の獲得

　第2節の認知主義からみた学習で述べてきたように、体験と同じように知識も学習において重要なものである。それでは、知識はどのように獲得されるのだろうか。本節では、知識の獲得にとってとても重要な記憶の仕組みと知識の種類、知識の構造について述べる。

1 ── 記憶の仕組み

　私たちは、知識を覚えることで蓄えている。新しいことを覚えるということが知識の獲得である。覚えることを「記憶する」ともいうが、心理学ではもっと広い意味で記憶という言葉を使っている。

　心理学では、覚える（記銘）→覚えておく（保持）→思い出す（想起）の3つの段階すべてを記憶という。

　まず、第1段階の記銘は、覚えることであるが、覚え方には主に大きく分けてリハーサルと体制化の2種類がある。

　リハーサルは、物事を覚えるときの一番単純な方法である。電話をかけるときに電話番号を覚えておくために何度も口のなかで繰り返す方法を維持リハーサルという。さらに、何かと結びつけながら覚える方法を精緻化リハーサルという。

　体制化とは、いくつかのことを覚えるときにある基準で分類しながら覚える方法をいう。例えば、「犬、サンマ、ネコ、鯉、菊、桜……」などの単語を覚えるときに、犬とネコは動物、サンマと鯉は魚、菊と桜は花と分類して覚える方法である。

　次に、第2段階の保持について述べる。保持とは記銘したこと（情報）を覚えておくことであり、つまり頭のなかに入れておくことだともいえるが、この覚えておく段階にも3段階があると考えられている。3段階は順番に「感覚記憶」「短期記憶」「長期記憶」である。

　私たちが見聞きする情報はすべて感覚記憶に取り込まれる。しかし、感覚記憶は一瞬しか情報を保持することができない。感覚記憶に入った情報のなかで覚えておこうと注意を向けられた情報だけが短期記憶へと入ることができる（これを情報の転送という）。

　短期記憶には、情報は数十秒入れておくことができるが、入れておける量には限りがある。例えば、「2、5、1、7、4、8……」とランダムな数字を覚える場合には、大体5～9個までの数字が限度とされる。この短期記憶に入った情報のなかでずっと覚えておこうというものが長期記憶へと転送される。私たちは、短期記憶から長期記憶へと情報を転送するときに、リハーサルや体制化を行う。

　長期記憶では情報は半永久的に保持される。また、保持できる量も無限である。ここに入った情報が、私たちの知識となる。そして、必要に応じて長期記憶から必要な知識を取り出して利用する。知識を取り出すことを検索という。

　検索の仕方には2通りある。再認と再生である。再認とはいくつかの選択

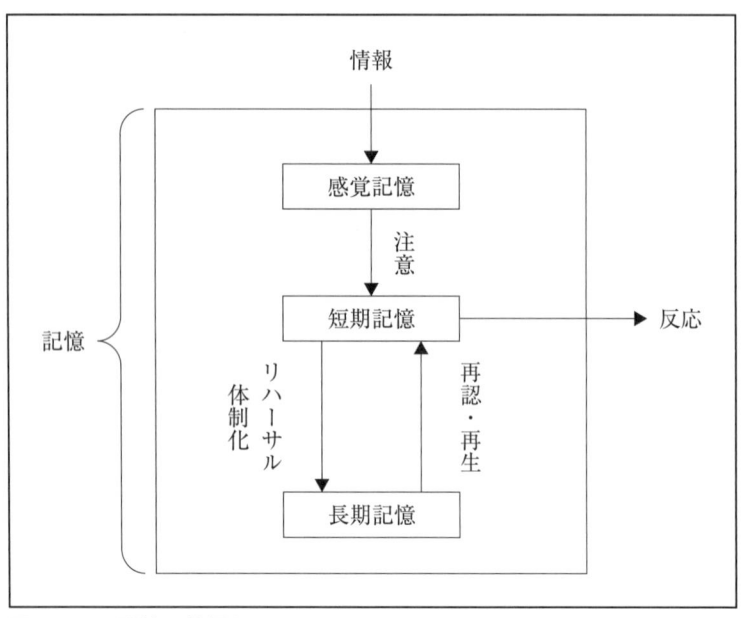

図4-2 記憶の仕組み

肢から1つを選ぶ方法である。再生とは覚えた事柄をそのまま取り出す方法である。もちろん、再認のほうが再生よりも容易である。

検索によって取り出された情報は、いったん短期記憶へと移動し、反応となる。図4-2に記憶の仕組みを示す。

2 ── 知識の種類

「日本の首都は東京である」「昨日の晩ごはんはカレーだった」「果物は木になる実のことである」や平泳ぎの泳ぎ方などはすべて知識である。そして、これらの知識は、宣言的知識、手続き的知識の2種類に分けることができる。

宣言的知識とは、「日本の首都は東京である」といった事実、「昨日の晩ごはんはカレーだった」という個人的体験、「果物は木になる実のことである」といった概念のことをさす。

手続き的知識とは、平泳ぎの泳ぎ方など、何かをする方法などについてのことをさす。

3 ── 知識の構造

宣言的知識も手続き的知識も、長期記憶のなかに保持されている。それでは、どのように保持されているのであろうか。保持のありようを「知識の構

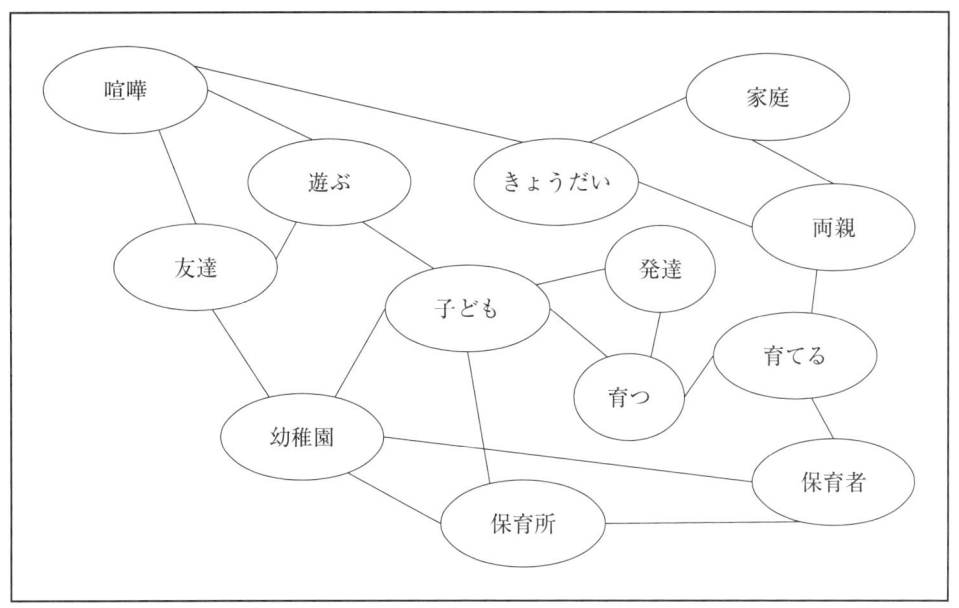

図4−3　活性化拡散モデルの例

造」という。まず、宣言的知識における「知識の構造」に関しては、活性化拡散モデルを取り上げて述べる。

　活性化拡散モデルとは、コリンズ[※8]とロフタス[※9]によって考えられた。このモデルによれば、知識は図4−3のように構造化されている。つまり、一つひとつの知識が、それぞれの意味的に近いもの同士がつながっているのである。知識同士のつながりは、意味的に近ければ近いほど強くなる。このように構造化されていると考えると、ある知識が思い出されたりするときには、それと意味的に近い、つまり、つながりの強い知識も思い出されやすくなると考えられる。これは、手がかりがあると思い出しやすくなることと関係あるだろう。

　手続き的知識の「知識の構造」については、プロダクション・システムを取り上げて述べる。

　プロダクション・システムは、「もし〜ならば、……せよ」といったルール（プロダクション・ルール）に従って構造化されている。例えば、料理をしているときに、「もし味が薄いようならば、塩コショウを加えよ」といったルールである。この「もし〜ならば、……せよ」の知識を順番に使用することで料理を仕上げることができる。

※8　コリンズ
Collins,A.M. 意味記憶の初期のモデルとしてキリアンとともに、階層的ネットワークモデルを示した。

※9　ロフタス
Loftus,E.F. アメリカの心理学者。記憶と目撃証言に関する研究の第一人者。

第4節 ● 学習の転移と学習の構え

　学習がうまく行われるかどうかは、それ以前の学習の影響を無視することはできない。学習が体験や知識の獲得によるものであることを考えれば、その学習以前の学習でどのような体験をし、どのような知識を得てきたのか、そしてそれらがどのように構造化されているのかは、新しい体験や知識がどのように新しく構造のなかに組み込まれていくのかを左右するからである。本節では、学習以前の学習が与える影響について転移と構えを取り上げる。

1 ── 学習の転移

　以前に学習したことが、後の学習に影響を与えることを学習の転移という。後の学習を促進する場合を正の転移といい、後の学習を妨害する場合には負の転移という。

　正の転移には、英語の学習をしていたことで、英語と似た文法構造や文字を使うフランス語やドイツ語の学習をしやすくなることが例としてあげられる。負の転移としては、エレクトーンを練習していたために、ピアノの演奏がしにくくなるということをあげることができる。

　転移が生じる原因として、前と後の学習の内容の類似度などが考えられる。もちろん、類似度が高いほど転移は起こりやすくなるといえるだろう。正の転移、負の転移のどちらが引き起こされるのかは、学習の内容や、学習がどんな状況でされ、また、前の学習がどの程度なされたかなどが影響すると考えられる。また、同じ学習をするにしても、個人差があると考えられる。

　子どもの学習を援助する際には、正の転移をどう起こさせるかが重要な課題となる。

2 ── 学習の構え

　転移のところでも述べたが、学習がどんな状況でなされたかということや、学習者の過去の学習経験も学習に影響する。これらのことは、学習者の学習内容や学習そのものに対する、思考や構造のパターンを方向づけるからである。このことを学習の構えという。

　子どもの学習を援助する場合には、その子どもの学習の構えがどのようなものであるかを考えなくてはならないだろう。

第5節 ● 分散学習と集中学習

　学習をどんな頻度で行うかということも、学習がうまく行われるかどうかに影響する。

　例えば、自転車に乗ることを学習する場合のことを考えてみよう。休みなく練習をまとめて行う方法と、休憩をとりながら少しずつ練習する方法が考えられる。

　休みなく練習するやり方を集中学習、休みを入れながら少しずつ練習するやり方を分散学習という。

　休みなくまとめて練習したほうが効果的に感じるかもしれないが、これまでの研究の結果からは、分散学習のほうが効果的であると考えられている。

　これは、テスト前の一夜漬け勉強が、あまり効果がないことを考えると納得できることかもしれない。

　しかし、どちらのやり方がよいかについては、学習者の特徴、学習の内容や難しさによって異なる。

● 「第4章」学びの確認
①古典的条件づけの仕組みについてまとめてみよう。
②記憶の仕組みについてまとめてみよう。
③学習がうまくいくかどうかに、どんなことが影響するかまとめてみよう。
● 発展的な学びへ
①保育における子どもの活動を計画するときに、どのようなことに注意したらよいか、学習の観点から考えてみよう。
②現在のあなた自身の学習の仕方を改善するには、どのようにしたらよいか考えてみよう。

引用・参考文献

1) 石田潤・谷口篤編『スーパーエッセンス心理学』北大路書房　2004年
2) 内田伸子『新心理学ライブラリー＝2　幼児心理学への招待―子どもの世界づくり―』サイエンス社　1989年
3) 多鹿秀継・竹内謙彰編『発達・学習の心理学』学文社　2007年
4) 藤田和生『比較認知科学への招待「こころ」の進化学』ナカニシヤ出版　1998年
5) 森敏昭・井上毅・松井孝雄『グラフィック認知心理学』サイエンス社　1995年
6) 若井邦夫・高橋道子・高橋義信・堀内ゆかり『グラフィック乳幼児心理学』サイエン

●○● コラム ●○●

遊びのなかでの「学習」

　保育所や幼稚園での子どもたちの主な活動は、遊びである。保育所や幼稚園では、毎日元気いっぱいに遊ぶ子どもたちの姿を見ることができる。

　就学前の子どもの自発的な活動としての遊びは、心身の調和のとれた発達の基礎を培う重要な学習と考えることができる。そして、この経験が小学校以降の学習の基礎となるといえよう。

　それでは、幼児は遊びのなかでどのように「学習」しているのであろうか。筆者が観察した年中児のどろ団子づくりの遊びを例として考えてみたい。

　11月の保育所の園庭では、年中児たちがどろ団子づくりを熱心に行っていた。

　どろ団子のつくり方は、まず水分を多く含んだどろどろの泥で手のひらサイズの玉をつくり、両手で握って水分をしぼる。それを何度か繰り返した後、滑らかな面になるように形を整える。そして、さら砂と呼ばれる細かいパウダー状の砂を表面になすりつけ、手のひらや布でやさしくこすると、ぴかぴかと光沢のある光るどろ団子が完成する。

　どろ団子づくりの初心者の子どもは、力を入れすぎて玉を崩してしまったりする。しかし、何度もつくり直すうちに適切な力の強さに調節することができるようになる。つまり、経験を重ねることによって力加減を学習していくのである。また、子どもたちはそれまでに自分が体験したことを思い出しながら砂を選んでいた。例えば、粒が細かければ細かいほどさらさらだったから団子もつるつるになるかもしれないと考えたり、お母さんがケーキをつくるとき粉をふるいにかけてさらさらにしていたから庭の砂をふるいにかければいいだろうとか考えていた。また、友達がつくっている様子を観察したりしてさらなる工夫をしているようであった。すなわち、知識を活用、あるいは新しい知識を獲得していくのである。

　これらの子どもの活動は、第4章で学んだ学習の理論に当てはまるものである。このことからも、子どもの遊びには「学習」の要素が多く含まれていることがわかる。

第 5 章　学びの動機づけ

◆キーポイント◆

本章では、人間の動機づけについて解説する。人は普段の生活のなかでさまざまな行動をしている。では、なぜ人は行動するのだろうか。どのような心理的なメカニズムによって行動は生じるのだろうか。心理学では、行動を生じる過程を動機づけと呼んでいる。ここでは、人が行動するに至る動機づけの過程について解説する。そして、さまざまな行動を引き起こす動機について解説し、その動機についての理解を深める。また、保育者としては、子どもの動機づけを高め、子どもたちをさまざまな活動へと取り組ませるような働きかけが必要となる。そこで、他者の動機づけを高める働きかけとして、どのような方法が考えられるかについても検討したい。

第1節　動機づけの基礎

1 ── 動機づけとは

(1) 動機づけのプロセス

動機づけとは、行動を生じさせ、その行動をある方向に向けて継続させる心理的な過程である。人は、日常的にさまざまな行動をしている。それらの行動のなかには、長く続けられるものもあれば、すぐに止めてしまうものもある。そこにはどのような心理的メカニズムがあるのだろうか。

人は、さまざまな欲求をもっている。その欲求が満足されていればいいが、欲求が満たされないと、不快で不満な状態になる。例えば、空腹になれば食欲が満足されていないし、眠いときには睡眠欲が満たされていない。そのように欲求が満たされないと、行動を起こして欲求を満たそうとするが、そのときに生じるのが動因や動機である。空腹であるならば、食事をしようという動機が生まれ、食事という行動へとつながる（図5－1）。なお、動因と動機は、ほぼ同じ意味であるが、動因は生理的なものに使われることが多い。

以上のように、動機づけは、欲求が満たされない状況から動因・動機が生じ、ある方向への行動につながるという過程であるといえる。行動した結果、満足することができれば、動因や動機は消失し、行動も行われなくなる。食

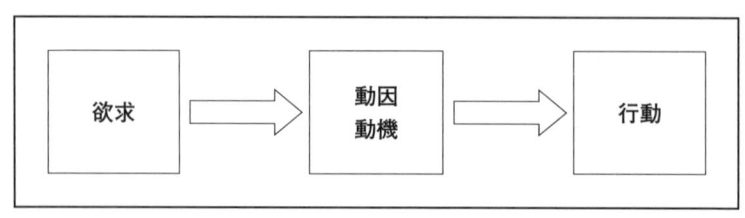

図5-1　動機づけの過程

事をして、満腹になればそこで食事は終わる。しかし、食事をしても満腹にならず、食欲が満たされない場合には、おかわりをしたり、何かを追加して食べたりすることで満足するまで行動が続くことになる。

(2) 欲求階層理論

　マズローは、さまざまな欲求を階層的に位置づけた欲求階層理論を唱えた。この理論には、①生理的欲求、②安全の欲求、③所属と愛情の欲求、④自尊の欲求、⑤自己実現の欲求の5種類の欲求[※1]が提唱されており、より下層の欲求から上層の欲求へと階層的に積み上げられている（図5-2）。

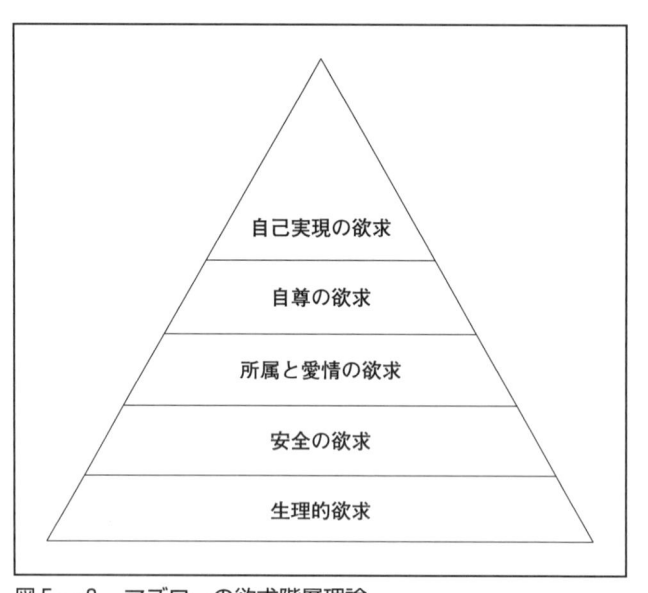

図5-2　マズローの欲求階層理論

※1　5種類の欲求
生理的欲求は、生命維持のために必要な欲求。安全の欲求は、生命の安全や安心を求める欲求。所属と愛情の欲求は、仲間に受け入れられ、愛されたいという欲求。自尊の欲求は、自分の有能さを感じ、認められたいという欲求。自己実現の欲求は、自分の可能性を発揮していきたいという欲求を意味する。

　そして、欲求階層理論では、下の階層にある欲求が満足されて、初めて上の階層の欲求が生じるとされている。食料や水が十分ではなく、食欲やのどの渇きなどの生理的欲求が満たされない状況では、食料や水を手に入れるために多くの時間や労力を使わなくてはならない。そのような場合には、自尊の欲求や自己実現の欲求は相対的に重要でなくなる。マズローは自己実現の欲求を最も上位の欲求として位置づけたが、自己実現の欲求が生じるためには、より下層の欲求が十分に満足された状態にあることが必要となるのである。

2 ── 生理的動機

(1) 生理的動機とは

　人のさまざまな動機は大きく生理的動機と社会的動機に分類される。生理的動機とは、人の生理的なメカニズムに基づいており、自分の生命を維持したり、種を存続させたりするための動機である。ホメオスタシス※2や中枢神経系などの働きによって生じる。なお、上に述べたように、生理的な動機は動因と呼ばれることもある。

　例えば、人が生きていくためには、体内にある程度の水分が必要である。体内の水分が減ってくると、それを外から取り入れなければ人は死んでしまう。そのため、人はのどが渇き、水分をとろうとする。これは体内の水分量を調整する機能が働いた結果、「のどが渇いたので、水が飲みたい」という動機が生まれたのである。これ以外に、食欲、睡眠欲なども、生理的な機能が働いた結果として生まれる動機である。

※2　ホメオスタシス
生体の内部状態の恒常性のこと。体内外の変化にかかわらず、体内の状態を一定に保ち、生命を維持するための機能。体温、血糖値、水分量などを調整する。

(2) 動因低減

　ホメオスタシスによる動機では、何かが十分でない欲求不満の状態によって動機（動因）が生じる。そして、その動因に従って行動することで欲求が満たされ、動因が消失あるいは低減した結果として行動が止まる。この過程は、「人は動因が生じて初めて行動するのであり、動因を減少させるために行動するのだ」と考えることもできる。このような考え方を動因低減説と呼ぶ。人が水を飲むのはのどが渇くからであって、のどが渇くまでは水を飲もうとはしない、という考え方になる。

　動因低減説に従えば、人は何かの原因によって動因が生じるまでは行動しないといえ、人の行動は非常に受身的なものだと考えられる。しかし、人は欲求不満の状態でなくても積極的に行動するのだという指摘もあり、動因低減説だけで行動のすべてを説明することはできない。

(3) 感覚遮断

　では、動因が生じなくても行動が起こるのはどのような場合だろうか。例えば、感覚遮断の実験があげられる。人は、目・耳・鼻・皮膚などの感覚器を通じて、光・色・形・音・におい・温度などの外界の情報を感じ取っている。感覚遮断の実験では、目隠しをしたり耳栓をしたりすることで、感覚器からの刺激をできるだけ少なくする。その状態で湿度や温度の管理された部屋でベッドに横になり、食事や排泄などの最低限の行動以外は行わないよう

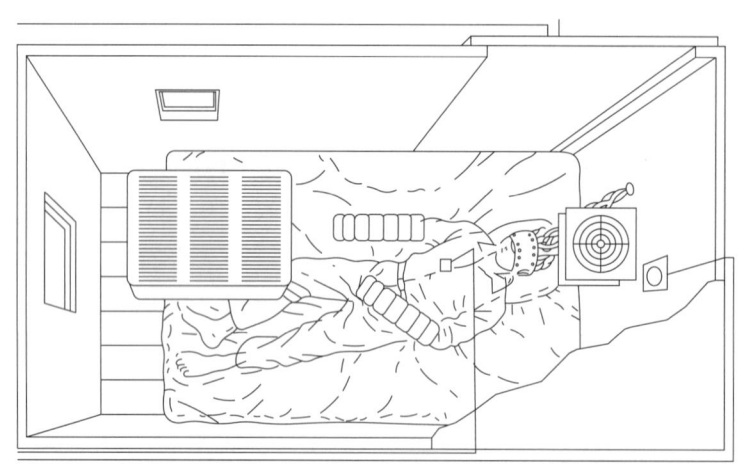

図5-3　感覚遮断実験
資料：美濃哲郎・大石史博編『スタディガイド心理学』ナカニシヤ出版　2007年　p.59

にする（図5-3）。

　実験参加者は、快適な部屋で何もせず寝ていればいい。そのため、欲求は満足されており、動因も生じにくいはずである。しかし、このような状態におかれた場合、徐々に、集中力や思考能力が低下していく。ついには、幻聴や幻覚が生じるようになり、多くの実験参加者は2、3日で実験に参加できなくなってしまう。これは、人にとって刺激が少なすぎる状態は不快であり、そのような状態に長くいると刺激を求めて、実際にない音を聞いたり、ものを見たりするためだと考えられている。このように、感覚刺激を求める傾向を感性動機と呼ぶ。

　このように人は、動因を低減するために行動するのではなく、自分から行動したいという傾向をもっているのである。同様の動機として、操作・探索動機[3]などがあげられる。

※3　操作・探索動機
新しいものや環境におかれたときに、そのものに触れたり動かしたりすることで、そのものを理解したいという動機。

3── 社会的動機

(1) 社会的動機とは

　生理的動機に対して、人が社会のなかで生活するうえで必要となる動機が社会的動機である。社会的動機は、他人とのかかわりのなかで生じ、社会生活のなかでみられる行動の基礎となる。また、生理的動機は生理的メカニズムに基づいており、生まれつき備わっているが、社会的動機は、生まれてからのさまざまな経験のなかで後天的に学習される部分が大きい。

(2) 達成動機

　達成動機とは、難しい課題を設定して、それをより上手にやり遂げたいという動機である。難しい課題をやり遂げるということで達成感を得ることができる。それがうまくできたり、他人よりも早くできたりすればさらに大きな達成感につながる。

　このときに重要となるのは、適度に難しい課題に挑戦することである。簡単な課題に取り組んで成功しても、成功するのが当然であるため達成感は得られない。例えば、大学生が小学生向けのテストでよい点をとっても、それほどうれしくはないだろう。一方で、難しすぎる課題は、挑戦して成功すれば強い達成感を得ることができるだろうが、失敗する可能性が高い。失敗してしまえば、達成感を得ることができないため、難しすぎる課題に挑戦しても達成動機は満足されない。つまり、ある程度がんばれば成功できそうな課題に挑戦し、成功したときに、最も達成感を期待することができるのである。

(3) 親和動機

　達成動機は、競争的な側面をもった動機と考えることができる。他者と競争し、打ち勝つことによって達成感や満足感が得られる。そのような達成感を追い求める動機が達成動機であるといえる。しかし、一方で、競争するのではなく他者と協力して活動し、良好な人間関係を築きたいという気持ちも人間にはある。人は社会的な動物であり、集団のなかで生活している。そのため、常に他者とのかかわりをもちながら生きていく必要があり、他者とのよい関係をもつことが重要である。そのような、自分の親しい人とよい関係をつくり、それを維持していこうとする動機を親和動機と呼ぶ。

第2節 ● 内発的動機づけと外発的動機づけ

1 ── 内発的動機づけ

(1) 内発的動機づけとは

　人が何かの行動をするとき、その背後にある理由は1つではない。例えば、食事という行動は、生きていくための栄養を取り入れるため、という理由がある。しかし、栄養補給のためだけではなく、生活のなかの楽しみのためにも食事をする。菓子やコーヒー、酒などの嗜好品は、栄養として必要ではな

いが、その味を楽しむために取り入れるのである。また、学校で勉強することを考えてみよう。勉強という行動は同じであっても、自分の好きな教科なら勉強することがおもしろく、楽しんで勉強することができる。しかし、自分の嫌いな勉強だと親や先生にしかられながら、仕方なく勉強するということもあるだろう。

このように、人の行動を考えるとき、「何を」する動機が生じているのかという視点ばかりでなく、その動機が「なぜ」生じてきたのかという視点から考えることも重要になってくる。このように行動の理由をとらえた考え方として、内発的動機づけと外発的動機づけというものがある。

内発的動機づけとは、自分の興味や関心に従って行動し、行動すること自体が目的となっている動機づけである。あることをするのが楽しいから行動するとか、おもしろいからやるといったものにあたる。自分の趣味を考えてみよう。趣味でやっていることは、誰かにやれと言われたからやるわけでもないし、やらなければいけないと思ってやっているわけでもない。そのことを自分がやりたいと思って行動し、楽しさやおもしろさを感じる。このような行動を内発的に動機づけられた行動という。

内発的動機づけは、自分の興味や関心に基づいているので、行動が自発的に起こる。また、他者がかかわらなくても興味のある限り行動が継続する。そのため、教育的な観点からは望ましいかたちの動機づけであるといえよう。

(2) 知的好奇心

内発的な動機づけの基盤となるものの1つが知的好奇心である。知的好奇心とは、自分の知らない珍しいもの、新奇なものを求める動機をいう。今まで見たり接したりしたことのないものに触れると、そのものに興味を引かれ、それを理解したいという気持ちが生じる。これが知的好奇心である。

子どもは好奇心が強いといわれることがある。新しいおもちゃや本、また虫や草木など、子どもはさまざまなものに興味をもつ。そして、それを知りたいと思い、おとなに対してさまざまな質問を投げかける。おとなに比べ、子どもは知らないものが多いため、それだけ知的好奇心を引き出されることが多いのである。

(3) コンピテンス（有能さ）

内発的動機づけの基礎として、コンピテンスの感覚も重要である。コンピテンスとは「有能さ」とも呼ばれ、自分自身に能力があるのだと感じることである。人は、自分の周りにあるものや人とさまざまにかかわりをもちなが

ら生活している。そのときに、周りにあるものとうまくかかわることができることがコンピテンスである。

コンピテンスを感じたいという動機によって、人はさまざまなことに挑戦し、うまくやることで自分に能力があることを確認する。このコンピテンスが自分に対する自信につながり、より積極的に活動することができるようになるのである。

2 ── 外発的動機づけ

(1) 外発的動機づけとは

外発的動機づけとは、賞罰や他の人、周りの状況など、自分以外のものに働きかけられて行動するという動機づけである。やりたいからやるというものではなく、やらされるからやる、やらないといけないからやるというものになる。そのため、行動は目的ではなく、行動することで報酬を受けたり、罰を避けたりするための手段となる。

例えば、勉強をするのが嫌いな子どもがいる。特に何もなければ勉強することはないが、勉強しないと親や先生にしかられるならばしぶしぶ勉強することになる。また、成績が上がったらプレゼントを買ってあげるといった提案をされると、そのプレゼントを目当てにがんばって勉強するということもあるだろう。この場合、賞罰によって動機づけが生じたことになる。勉強するのは、しかられないようにしたり（罰）、プレゼントをもらったり（報酬）するためであるとする考え方である。

(2) 賞罰の効果

賞罰は外発的動機づけを引き出す要因の1つであり、賞罰を用いた動機づけは、日常的にもよく行われている。よい行動をした場合にごほうびを与え、悪い行動に対しては罰を与えることで、よい行動を増やし、悪い行動を減らすことができる。

しかし、外発的動機づけによる行動は、目的ではなく手段として行われるのであり、ここでみられるよい行動もごほうびをもらうためのものである。そのため、ごほうびがもらえなくなると行動しなくなってしまう。つまり、行動を継続させるためには、賞罰を与え続ける必要がある。

また、賞罰は内発的動機づけを減少させる効果がある。子どもが本を読んでいる場面を例にあげよう。その子どもは自分の興味のある本を読んでいるが、これは内発的に動機づけられている状態である。この子どもに対して、

本を読んでいるごほうびをあげるようにすると、子どもは徐々にごほうびをもらえることを期待して本を読むようになってしまう。これは、ごほうびによって外発的に動機づけられた状態である。このように、最初は内発的動機づけだったものが、報酬を与えることで外発的動機づけへと変化してしまうのである。このような現象は、物質的・金銭的な報酬を与えた場合によくみられるとされているため、特に注意が必要となる。一方で、ほめるといった言語的な報酬は、内発的動機づけを高めるとされており、どのような報酬を与えるかによって、その影響は異なるといえる。

第3節 ● 動機づけと学習意欲

1 ── 学習への動機づけ

　人は、生得的にさまざまな行動を身につけているが、多くの行動は生まれてから学習して身につけていく。行動だけではなく、知識や態度、考え方なども生まれてから学んでいく。生活習慣など、乳幼児期に身につけるべき行動は多いが、どのようにしたらそれらの行動を学ぶことへ動機づけていくことができるのだろうか。

　すでに述べたように、さまざまな行動を学習するための動機づけとしては、内発的動機づけが望ましいといえる。そのために、知的好奇心やコンピテンスへの欲求を刺激するような働きかけが重要となってくる。知的好奇心は、自分のすでにもっている知識や考え方と違う新しい刺激に接することで高まる。しかし、子どものもっている知識とあまりにかけ離れた刺激を与えても、興味をもつことはできない。自分の知識と少しズレたものに接することで、「何だろう」「なぜだろう」という興味をもつようになるのである。

　また、コンピテンスを高めるためには、適度に難しい課題に挑戦することが重要である。達成動機の項で述べたように、適度な難しさの課題を達成すると、最も達成感を感じることができる。何かに取り組んだ結果、うまくできたという達成感は強い動機づけへとつながる。そのため、適切な課題設定が求められる。また、場合によっては、達成のためのヒントを出したり、モデルとなる行動を示したりするなどの働きかけも効果的だろう。日常的な活動のなかで、さまざまに達成感を得られるような工夫をすることが望ましい。

　また、うまくできたことをほめるといった言語的報酬を与えることも重要

である。特に、自分の好きな親や先生といった人にかけられるほめ言葉は、子どもにとっては非常にうれしいものである。しかし、見知らぬ人や嫌いな人に同じ言葉をかけられても、それほどうれしくないこともある。言い換えると、言語的な報酬が十分な効果をあげるためには、子どもとの間によい関係性を築いておくことが必要となるのである。

2 ── 学習性無力感

　一方で、人の動機づけを低下させてしまうような働きかけも考えられる。セリグマンは、犬に対してランダムに電気刺激を与えるという実験を行った。犬は、最初は電気刺激から逃げるためにいろいろな行動をとるが、どんな行動をとっても電気刺激がランダムにやってくるので、そのうちほとんど行動しなくなってしまったのである。これは、自分が何か行動しても結果（この場合は電気刺激）を左右することができないことを知ったため、無力感をおぼえて行動しなくなったのだと考えられている。この現象を学習性無力感と呼ぶ。この実験は、犬を対象に行われたものだが、同じような現象は人に対してもみられる。

　学習性無力感において重要なのは、不快なこと（この場合は電気刺激）が行動と関係なく起きたということである。自分の行動と不快な結果に関係があるとき、例えば、何か悪いことをしてしかられたという場合には、その悪いことをしなければしかられることはない。つまり、自分の行動次第で不快なことを避けることができる。しかし、行動と結果の間に関連がない場合、よいことをしてもしかられるときもあれば、悪いことをしてもしかられないときもあるというように、行動によって不快な結果を避けることができなくなる。このような場合には、何をしても無駄だという無力感に陥ってしまうことになる。

　逆にいえば、働きかける側は、行動に対して一貫した働きかけをすることが重要になる。よい行動をしたときに必ずほめてもらえる、悪い行動をしたときには必ずしかられるといった、行動と結果の因果関係がはっきりしているならば、よい行動をしよう、悪い行動はやめようという動機づけをもつことができるのである。

3 ── 個に応じた学習

　動機づけを高めたり低めたりする働きかけにはさまざまなものが考えられる。しかし、人には個性があり、性格や考え方・好みなどはさまざまである。そのため、ある子どもには効果のあった働きかけが他の子どもには効果がないということもある。また、ある子どもが興味をもつものに対して、他の子どもは全く興味を示さないということもあるだろう。

　子どもを動機づける際にも、それぞれの子どもの興味、関心、発達段階、能力、性格など、さまざまな要因に配慮しなくてはならない。画一的なやり方ではなく、その子に応じた働きかけをすることで、よりよい動機づけを引き出すことができる。そのためにも、普段から一人ひとりの子どもに対する理解を深めておく必要があるだろう。

●「第5章」学びの確認
①人の行動が生じる動機づけのプロセスについて整理してみよう。
②生理的欲求について、具体的な例をあげてみよう。
③内発的動機づけと外発的動機づけの違いについてまとめてみよう。
●発展的な学びへ
①達成動機・親和動機の高い人は、どのような行動をとりやすいだろうか、具体的に考えてみよう。
②子どもの内発的動機づけを高めるかかわり方として、どのような工夫ができるか考えてみよう。

参考文献

1）新井邦二郎編『教室の動機づけの理論と実践』金子書房　1995年
2）桜井茂男『学習意欲の心理学』誠信書房　1997年
3）中谷素之編『学ぶ意欲を育てる人間関係づくり』金子書房　2007年
4）速水俊彦『自己形成の心理―自律的動機づけ』金子書房　1998年
5）速水敏彦・橘良治・西田保・宇田光・丹羽洋子『動機づけの発達心理学』有斐閣　1995年
6）宮本美沙子・奈須正裕編『達成動機の理論と展開　続・達成動機の心理学』金子書房　1995年

●○● コラム ●○●

原因帰属と動機づけ

　人は、成功したり失敗したりしたときに、その原因をいろいろと考える。特に、失敗してうまくいかなかったときには、なぜうまくいかなかったのか、どうしたらうまくいくようになるのかを考えるものである。このようにある出来事の原因を考えることを、原因帰属という。

　ワイナーは成功や失敗の原因帰属を「内的―外的」と「安定的―不安定的」の2つの次元でとらえた。この2次元の組み合わせで4つの原因を考えることができる。例えば、内的で安定的な原因としては「能力」が考えられる。ある人の能力は、その人の内的なものであり、短時間で容易に変わるものではないからである。一方で、内的で不安定的な原因としては「努力」があげられている。努力は、自分自身がするものであるが、その時々で努力することもあればしないこともあるため、不安定な原因だといえる。また、外的で安定的な原因としては「課題の困難度」が、外的で不安定な原因としては「運」があげられている。どちらも自分自身のうちにあるものではないが、課題の困難度は変わらないのに対して、運はよいときもあれば悪いときもある安定しないものである（表5－1）。

　では、原因帰属は動機づけにどのように影響するのだろうか。例えば、何かに失敗したときに「努力」に帰属する、すなわち、努力が足りなかったために失敗したのだと考える場合、次にもっと努力すれば成功するだろうと思う。しかし、失敗したのは自分の「能力」が足りなかったからだと考えると、次に挑戦してもきっと失敗するだろうと思ってしまう。つまり、失敗の原因を「努力」に帰属すれば、次はがんばろうという気持ちになり動機づけが高まるが、「能力」に帰属すると動機づけが低下すると予測できる。

　このように、失敗した後にもう一度、挑戦する気になるかどうかには、何に原因を帰属するかが強く関係しているのである。

表5－1　ワイナーによる原因帰属の要因

	安定的	不安定的
内的	能力	努力
外的	課題の困難度	運

第6章 知的能力の発達

◆キーポイント◆

知能や知能指数という言葉は、心理学の用語のなかでは最も日常に浸透しているものであり、また人々の興味や関心を惹きつけるものの1つでもあろう。しかし、一方でその意味が十分に理解されていなかったり、誤って認識されてしまっていることが多いものでもある。本章では、心理学において知能とはどのようなものと考えられているのか、どのように知能は測定され、また得られた知能指数は何を意味するのかを中心に述べていくことにしよう。

第1節 ● 知能とは何か

1 ── 知能の定義

　知能は心理学のなかでは古くから研究されてきたテーマであるが、「知能とは何か」という問いにはさまざまな考え方があり、未だに共通した見解は得られていない。これらの考え方は、大きく3つ程度にまとめることができるだろう。それは、①抽象的思考能力に重点をおくもの、②学習能力と同一視するもの、③新しい環境に対する適応力とみなすものである[1]。この3つの考え方は、知能をそれぞれ全く別の能力としてみているのではなく、本質的に類似した能力を異なる視点からみていると考えることも可能であろう。有名な心理学の概論書である"*Hilgard's Introduction to Psychology 13th Edition*"（邦題名『ヒルガードの心理学』）[2]では、この3つの考えを総合的にまとめ、「経験から学んだり、抽象的な言葉で考えたり、環境に効果的に対処する能力」としている。また、ウェクスラー式知能検査の発案者であるウェクスラーも知能を総合的、包括的なものと考えており、「目的的に行動し、合理的に思考し、環境に効率よく対応する総合的、全体的能力」[3]として知能を定義している。また操作的な定義として、知能検査によって測定されたものを知能とする考え方もある。

　「知能とは何か」ということについて、興味深いものにアメリカの心理学者であるスタンバーグが中心となって行った研究がある[4]。スタンバーグらは、

知能の研究者（専門家）とそうでない人たち（一般人）を対象に、どのような行動特徴をもつ人物が理想的に知能が高い人物かを評価させ、知能についてのとらえ方の比較検討を行っている。その結果、専門家は知能について「言語的知能」「問題解決能力」「実践的知能」の3つの要素をあげているのに対し、一般人は「実践的問題解決能力」「言語能力」「社会的有能さ」を大きな要素としてあげていた。専門家と一般人では知能に関する考え方は大体共通しているが、一般人のほうが知能をより広く社会的なものとしてとらえている傾向があるといえるだろう。

2 ── 知能の構造

知能がどのような構成要素によって成り立っているかについては、多くの考え方がある。初期の研究では、さまざまな検査の結果に対する統計的手法をもとに知能の要素（因子）を抽出する因子的アプローチが主流であったが、近年では知的な活動をする際に生じる認知過程に注目した情報処理的アプローチによって、知能の構造を明らかにする試みが活発に行われている[2]。代表的な知能の構造に関する考え方を以下に述べよう。

(1) スピアマンの二因子説[5)6)]

スピアマン[※1]はいくつかの異なる種類の検査の結果から、知的活動に対して共通して働く要素（因子）があることを指摘し、これを一般因子（g因子）とした。一方、特定の課題や知的活動に働く要素（因子）を特殊因子（s因子）とし、個々の検査の成績はg因子とs因子の組み合わせで規定されると想定した（図6－1）。例をあげるならば、英語や数学、音楽などの各種の課題に共通して必要となる能力としてg因子が、各課題を解くのにそれぞれ別個に必要となる能力としてs因子があると考えた。

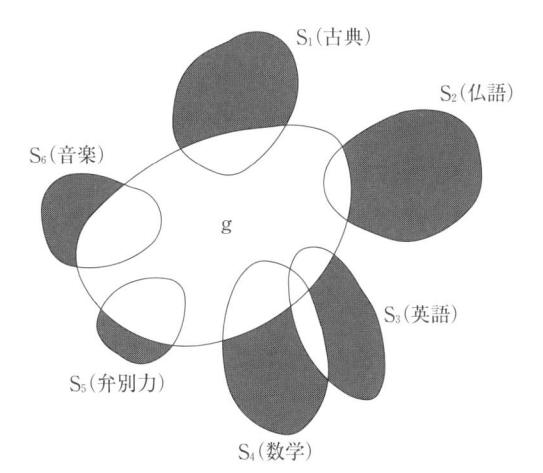

図6－1　スピアマンの二因子説
資料：西村純一・井森澄江編『教育心理学エッセンシャルズ』
　　　ナカニシヤ出版　2006年　p.33

※1　スピアマン
（1863－1945）
Spearman,C.E. イギリスの心理学者。彼の提案したg因子という概念は現在においても知能研究の中心的テーマの1つとなっている。また、因子分析や順位相関係数など、統計学の領域において重要な功績を残したことでも有名である。

(2) サーストンの多因子説[5)6)]

※2 サーストン
(1887-1955)
Thurstone,L.L. アメリカの心理学者。電気工学から転身し心理学を学んだ。彼の知能のとらえ方は後のスタンバーグやガードナーの考え方に影響を与えたといわれている。ある対象への個人の態度を測定する方法の1つであるサーストン法の考案者でもある。

サーストン[※2]はg因子という考え方に疑問をもち、これに対して知能はいくつかのある程度独立した因子の集まりであると考えた。因子分析による研究の結果、彼は独立した7つの知能因子、知覚判断の速さ因子（P因子）、数因子（N因子）、言語理解因子（V因子）、語の流暢性因子（W因子）、記憶因子（M因子）、推理因子（R因子）、空間因子（S因子）をピックアップした。この7つの因子は基本的精神能力と呼ばれ、これらの因子の総和が、個人の知能水準であるとしている（図6－2）。

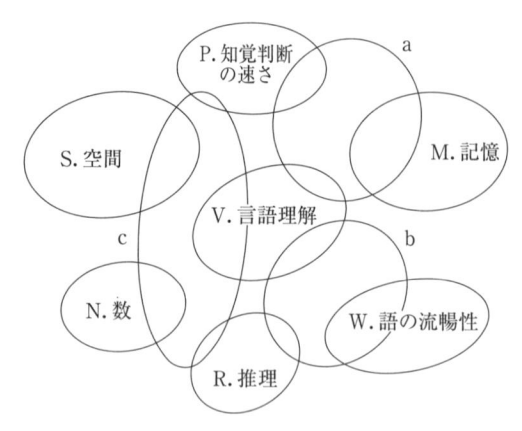

図6－2　サーストンの多因子説
資料：西村純一・井森澄江編『教育心理学エッセンシャルズ』ナカニシヤ出版　2006年　p.33

(3) ギルフォードの知性構造モデル（Structure of Intellect）[6)7)]

※3 ギルフォード
(1897-1988)
Guilford,J.P.。アメリカの心理学者。彼のモデルは、例えば創造性といったそれまでの知能研究や知能検査では十分に扱ってこなかった人間の知的活動に光を当てたといわれている。また、知能だけでなくパーソナリティ研究においても著名であり、日本で広く用いられているYG性格検査（矢田部ギルフォード性格検査）は彼の研究をもとに作成された。

ギルフォード[※3]は知能を情報処理のプロセスととらえ、操作、内容、所産の3次元からなる知性構造モデルを提案している（図6－3）。操作とはいわゆる知的活動に該当し、評価、集中的思考、拡散的思考、記憶、認知の5つが考えられている。内容とは操作の対象となる課題や問題の種類のことで、行動的、意味的、符号的、図形的の4つがあるとしている。そして所産とは操作によって処理されたものの形式であり、単位、部類、関係、体系、変換、含意の6つがあるとしている。どのような種類の情報（内容）がどのような知的活動（操作）を通して、どのような形に処理されるか（所産）によって、発揮される知能は異なると考えるのである。このことから、この3つの次元の

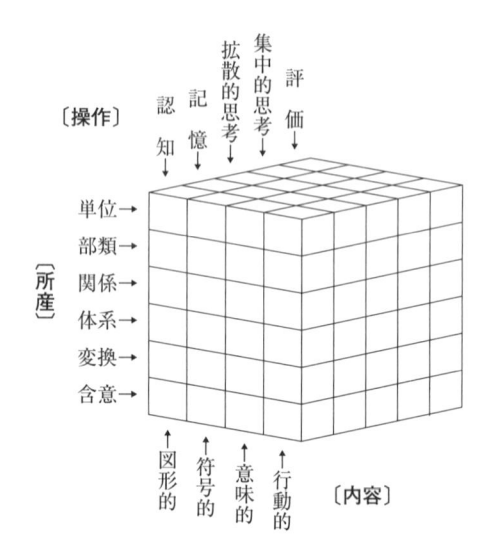

図6－3　ギルフォードの知性構造モデル（Guilford）
資料：辰野千寿『新しい知能観に立った知能検査基本ハンドブック』図書文化　1995年　p.21

組み合わせは5×4×6で120通りあることになり、この数だけ知能因子があるとギルフォードは予測した。ギルフォードの考えはモデルが先に提案され、その後研究によって知能因子の存在の確認が行われるという形がとられており、8割程度のモデルに対応した知能因子の存在が確認されている。

(4) スタンバーグの三部理論（triarchic theory）[8)9)10)]

スタンバーグは知能を個人内の情報処理プロセスだけでなく、個人の経験と個人を取り巻く状況や環境との関係からとらえることを主張し、分析的知能、創造的知能、実践的知能の3つの知能からなる三部理論を提唱している。分析的知能とは問題解決や意思決定、論理的思考などに働く能力であり、創造的知能はこれまでの経験をもとに問題解決の優先順位を決めたり、新しい問題解決のアイディアを考える能力である。そして日常生活・社会生活におけるさまざまな問題への対応のかかわる能力として実践的知能があるとしている。スタンバーグはこれまでの知能検査は主に分析的知能しか測定していないと指摘するとともに、3つの知能がバランスよく働くことが重要であると主張している。

(5) ガードナーの多重知能理論（multiple intelligence）[11)12)]

アメリカの心理学者であるガードナーは、脳損傷患者やサヴァン症候群[※4]患者、優秀児（天才児）といった人々の能力とその偏りに関する研究を行い、人には複数の独立した知能が存在しそれらが協調的に働いていると考える多重知能理論を提案している。この理論では言葉の使用や学習に関連する言語的知能、課題を論理的に分析し操作する論理・数学的知能、空間パターンを認識し活用する空間的知能、問題解決を行うために体全体や一部を用いる身体運動的知能、音を聞き分けたり、楽器を演奏する等の際に働く音楽的知能、他者の気持ちを理解しうまく対応する人間関係的知能、自己理解やセルフコントロールに関連する内省的知能の7つの知能があげられ、この知能を組み合わせて人は社会から求められるさまざまな役割をこなしていると考えられている。

※4 サヴァン症候群
知的障害のある人が、その一方で、カレンダー計算や楽器演奏、写実画の作成といった特殊な領域において優れた能力を示している状態のこと。

第2節 ● 知能の発達

1 ── 知能の量的・質的発達

　知能の発達的変化は、量的な変化と質的な変化に分けて考えることができる。量的な変化をあらわす代表的なものとして、ウェクスラーが作成した知能の発達曲線がある[3]。この発達曲線から知能の量的発達をみると児童期から青年期の前半にかけては急速に発達するが、20歳前後で発達のピークに達し、その後次第に衰退していくことがわかる。また年齢が上昇するにしたがって、標準偏差[※5]が少しずつ大きくなることから加齢とともに知能の量的発達の個人差が顕著になるといえるだろう（図6－4）。

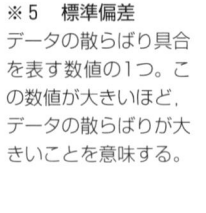

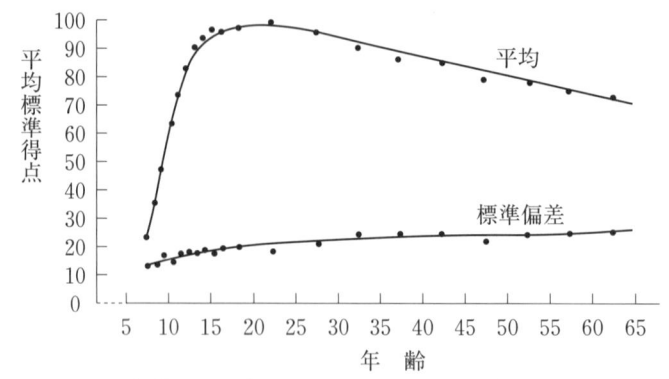

> ※5　標準偏差
> データの散らばり具合を表す数値の1つ。この数値が大きいほど、データの散らばりが大きいことを意味する。

図6－4　年齢7～65歳のウェクスラー・ベルビュー法得点における変化
資料：ウェクスラー『成人知能の測定と評価──知能の本質と判断──』日本文化科学社　1972年　p.41

　成人期以降の知能の量的な変化に興味深い意見を述べているのがキャッテルとホーンである。彼らは知能を流動性知能と結晶性知能の大きく2つに分類した。流動性知能とは、情報処理を速く正確に行う能力であり、中枢神経系の成熟に影響を受けるとされる。一方、結晶性知能は、社会生活を営むなかで獲得された知識や技能のことであり、学校教育や社会経験に大きな影響を受けると考えられている[※6]。キャッテルとホーンは、流動性知能は児童期・青年期にかけて大きく発達するが成人期以降は衰退傾向をみせ、結晶性知能は成人期以降も発達を続けると主張した。[13)14)]

> ※6
> 流動性知能と結晶性知能は、後述するウェクスラー式知能検査によって測定される動作性IQおよび言語性IQとほぼ対応するという考え方がある[30)]。

　ウェクスラーやキャッテルらの資料は、同じ検査課題を異なる年齢グループの人々に一度に実施し、その得点差から発達的変化を描き出すという、い

わゆる横断法という研究方法がとられている。また、横断法と並ぶ発達研究の方法として縦断法という研究方法がある。これはいわば追跡調査であり、同じ研究対象の人々を一定の期間をおいて繰り返し調査する方法である。これら2つの代表的な発達研究の方法はそれぞれ長所と短所を持ち合わせているが、両方に共通する問題点として世代差、時代差の影響がある。心理学では同じ時期に出生し、同じような社会的経験（例えば同じ教育行政に基づいた学校教育）をもつ集団のことをコホートという[15]。このコホートの違いによる発達への影響を考慮することが横断法や縦断法では難しいといわれている。例えば、ウェクスラーやキャッテルらの資料による年齢差は、加齢による知能の変化だけでなく、世代間における学校教育の機会や内容の差異をあらわしている可能性もある。このようなコホートの違いによる影響を考慮し、成人期から老年期にかけての知的発達を長年にわたって研究したのがシャイエである。シャイエは、横断法と縦断法を組み合わせた系列的デザインという方法で知能の発達を検討し、結晶性知能は60歳位まで上昇し、その後の減衰も緩やかであることや、流動性知能は40代がピークであり、その後減衰するが60歳位まではある程度維持されるということを明らかにしている（図6-5）。流動性知能と結晶性知能では年齢による変化が異なるというシャイエの知見は、キャッテルらの考えを支持するものであったが、知能の減衰の時期はウェクスラーやキャッテルが想定した時期よりもずっと後であることが指摘されている。[13][14]

一方、知能の質的発達に注目した代表的な人物はピアジェである。彼は、子どもの直接観察やインタビューを通して、知能の質的発達を乳児期から幼児期前期に対応する感覚運動期、幼児期の半ばから後半に対応する前操作期、児童期にほぼ対応する具体的操作期、青年期以降に対応する形式的操作期の大まかに4つの段階にまとめている（詳しくは第3章を参照のこと）。

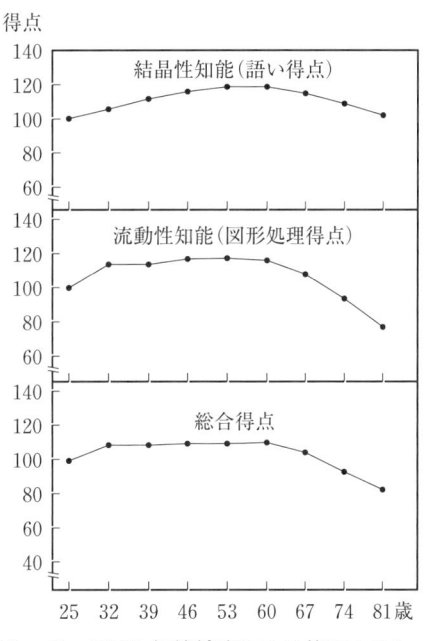

図6-5　PMA知能検査による修正された知能の加齢パターン（Schaie, 1980のデータから中里, 1984が作成）

資料：無藤隆・高橋惠子・田島信元編『発達心理学入門Ⅱ―青年・成人・老年』東京大学出版会　1990年　p.122を一部改変

2 ── 知能の発達に影響を与える要因[2)10)16)]

　知能の発達はどのようなものによって影響を受け、個人差をもたらすようになるのだろうか。心理学では伝統的に知能の発達に関係するものとして、遺伝と環境の2つをあげて研究してきた。代表的な研究方法として、双生児研究と養子研究をしばしば取り上げている。双生児研究は、遺伝情報が全く同じである一卵性双生児を研究の中心におき、同じ家庭や異なる家庭で育てられた一卵性双生児の知能がどの程度似ているかを調べる、または一卵性双生児と二卵性双生児（遺伝情報は普通のきょうだい程度に共有している）の知能はどちらのほうがどの程度似ているのかを比較する、などを通して遺伝的要因と環境的要因の影響を明らかにする方法である。養子研究は、養子に出された子どもの知能と生みの親と育ての親のそれぞれの知能、場合によっては同じ環境で育てられた血のつながらないきょうだいの知能との類似度を研究するものである。いくつかの研究プロジェクトが行われており、大まかには知能の個人差に関しては遺伝的要因の影響が大きいという指摘がなされている。しかしこれは研究対象となったグループ内での個人差を説明するものであり、個人一人ひとりの知能が遺伝によって大部分決定しているということは意味していない。また、環境的要因が知的発達にあまり影響しないということを意味するものでもないことに注意する必要がある。環境が知能の発達に与える影響として近年注目されているものにフリン効果がある。これは、世界的に知能検査の成績が過去から現在に至るなかで上昇しているという現象である。この原因についてはまだはっきりとは明らかにされていないが、日常生活がより都市化され複雑になるなかで人々が多くの新しい経験をするようになり、それが知能検査の成績の向上につながったのではないかと指摘されている。遺伝と環境が知能に与える影響に関する議論は政治的、社会的思想が介在してしまう危険性も多く、冷静な視点に立った継続的な科学的研究が今後とも必要であろう。

第3節 ● 知能の測定

1 ── 知能検査の開発と発展[17)18)]

　個人の知能を測定するために作成され、使用されている道具が知能検査で

ある。知能検査は、その検査の実施形式によって個別式知能検査と集団式知能検査に分けられる。個別式知能検査は、検査者と被検査者がマンツーマンで実施するものであり、集団式知能検査は多人数に対して一斉に行う形式のものである。それぞれ長短はあるが、個別式は被検査者の知能を細かく査定することが可能であることから、臨床場面などで活用されることが多い。また集団式は、比較的短時間で実施することが可能である。ここでは、個別式知能検査を中心に述べることにしよう。

個別式知能検査は1905年にフランスの心理学者ビネーとシモンによってつくられたビネー・シモン法がはじまりである。ビネーらはこの尺度を2回にわたって改訂し、子どもの知的発達が何歳程度に相当するかを明らかにする検査に作り上げた。ビネー・シモン法はフランスよりも海外で注目され、積極的な利用や研究が行われた。特にアメリカでは、ターマンらが中心となって1916年にビネー・シモン法の改訂版であるスタンフォード・ビネー知能検査を発表している。この検査は、知的発達の指標として知能指数を取り入れた画期的な検査であり、その後の知能検査の発展に大きな影響をもたらした。

ビネーらの検査は知能の全般的な発達をみるものであったのに対し、知能の全体像だけでなく個人内の特徴をも明らかにすることを目的として新たな知能検査を開発したのがウェクスラーである。ウェクスラーは、1939年に成人用の知能検査であるウェクスラー・ベルビュー法を作成し、これをもとに幼児を対象としたWPPSI、児童を対象にしたWISC、成人を対象にしたWAISという3つの知能検査を発表した。その後、個別式知能検査は数多くつくられたが、現在においても代表的なものとして用いられているのはビネーらの流れをくむビネー式知能検査と、ウェクスラーの開発したウェクスラー式知能検査であるといえる。

わが国では、ビネー式知能検査として、スタンフォード・ビネー知能検査をもとに田中寛一が中心となって作成した田中ビネー知能検査があり、現在第5版（田中ビネーファイブ）が発表されている。またウェクスラー式知能検査については、WPPSIは初版、WISCとWAISはそれぞれ第3版（WISC-Ⅲ、WAIS-Ⅲ）が翻訳され使用されている。

なお集団式知能検査は、第1次世界大戦下のアメリカの徴兵制のなかで開発されたのを契機に発展してきたといわれている。多様な言語を使う市民が暮らすアメリカでは英語を母語としない人々が多数いたため、言葉や文字を使用しない検査とそれらを使用する検査が開発され、使用されてきている。

2 ── ビネー式知能検査とウェクスラー式知能検査[17)19)20]

　ビネー式知能検査とウェクスラー式知能検査は、知能のとらえ方や課題構成、用いる指標などに違いがある。ここでは、2つの検査を比較しながら知能検査で用いられる用語や考え方を述べることにしよう。

　ビネー式知能検査の最大の特徴として、年齢尺度であるという点があげられる。この検査では、検査課題が簡単なものから難しいものへと配列されており、各年齢の大多数が合格基準を満たすことができる検査課題をその年齢に対応した（年齢級の）課題として設定している。これにより、どの年齢級の課題まで正答できたかによって、被検査者が何歳相応の知的発達の水準にあるのかを明らかにすることができる。この知的発達の水準を年齢であらわしたものが精神年齢（MA：Mental Age）である。ビネー式知能検査では、このMAと生活年齢（CA：Chronological Age）をもとに知能指数（IQ：Intelligence Quotient）を算出する。IQの考え方はドイツの心理学者シュテルンによって提案され、前述したようにターマンによって実際に用いられた。IQは以下の式によって算出される。

$$IQ = \frac{MA}{CA} \times 100 \quad （MAおよびCAは月齢換算）$$

　この式でわかるように、知能検査結果によって得られたMAと実際に生活してきたCAが同じである場合は、IQは100となる。つまりIQは年齢を基準とした知的発達の程度をあらわすものであり、IQが高いということは、実際のCAよりも知的な発達が進んでいることを意味しているといえる。例えば、CAが6歳3か月の子どもが知能検査の結果、7歳6か月のMAと評価された場合、IQは、

$$IQ = \frac{90（か月）}{75（か月）} \times 100 = 120$$

となる。

　ウェクスラー式知能検査は10〜13種類の下位検査から構成されている。下位検査は言語性検査（言葉が直接関与する課題）と動作性検査（言葉が直接関与せず、知覚や微細運動が大きくかかわる課題）に分けられ、それぞれ言語性IQ（VIQ）と動作性IQ（PIQ）が算出される。さらに両者から全IQが算出され、総合的な知能を測定することが可能である。ウェクスラー式知能検査で算出されるIQは厳密には偏差IQといわれるものであり、シュテルンによって提唱されたIQ（比率IQ）とは異なるものである。偏差IQは、同じ生活年齢グループに検査を実施し、そこから得られた平均値と標準偏差を基準に

各個人の成績が平均からどの程度離れているかを明らかにするものである。つまり偏差IQでは、100（平均値）を中央として同年齢グループにおいてその個人がどのくらいの位置にいるかを知ることが可能である。ウェクスラー式知能検査では、偏差IQは以下のように算出される。

$$偏差\mathrm{IQ} = \frac{15（個人の得点 - 同年齢グループの平均得点）}{標準偏差} + 100$$

同じ年齢グループの平均値と同じ得点が得られる場合には、偏差IQは100になる。例えば、個人の得点（検査結果）が90、同年齢グループの平均得点が80、標準偏差が5であった場合、偏差IQは、

$$偏差\mathrm{IQ} = \frac{15（90-80）}{5} + 100 = 130$$

となる。個人の得点は精神年齢とは異なり、年齢グループの成績（平均値と標準偏差）と関連づけることではじめて意味をもつようになる。

なお市販されているウェクスラー式知能検査では、個人の得点（粗点）と年齢から表によって偏差IQを明らかにすることができる。この偏差IQによる知的水準の表示は、ウェクスラー式知能検査だけでなく、田中ビネーファイブの成人知能の表示やスタンフォード・ビネー知能検査第5版にも採用されている。

ビネー式知能検査は知能を1つの統一体として存在するという仮説のもとに測定するオムニバス形式の検査であり、複数の知的能力を測定し個人内の知能構造を明らかにすることは難しい。しかし、すでに述べたようにMAという形で知的発達の水準を知ることができることから、子どもの発達支援を行う際には有用であるといえる。また、複数の異なる形式の課題によって年齢尺度を構成していることから、子どもたちにとって飽きにくい検査であるという長所もある。一方、ウェクスラー式知能検査はVIQやPIQといった複数の知的能力を測定できるように工夫されていることから、個人内の知能のバランスの偏りをみることができ、発達障害などをもつ子どもの知能構造を明らかにし、プロフィールとして表示できる診断的知能検査である。さらに、知的発達とCAが直線的な比例関係にない成人期の知能を細かく測定することも可能である。

第4節 ● 知能とその他の能力との関連

1 ── 知能と学力[19)21)22)]

　知能のとらえ方の1つに、「学習能力と同一視するもの」があることを先に述べた。ここでいう学習は、学校での教科学習よりもより広い意味合いで考えられているが、知能と学業成績によって評価されるいわゆる学力は一般的にはある程度一致する傾向にあるといわれている。そのため、知能検査は子どもの学習指導や教育効果の評価に活用されてきた長い歴史がある。近年の研究では、知能と学力（学業成績）の関係は相関係数でおよそ0.50という結果が出ており[10)]、ある程度の相関関係があるといわれている。しかしながら、必ずしも両者が対応していない場合も数多く報告されている。つまり知能に比べて学力が低い子どもと知能に比べて学力が高い子どもの事例である。前者はアンダー・アチーバー、後者はオーバー・アチーバーといわれる。アンダー・アチーバーやオーバー・アチーバーは、知能に関連するもの以外にも、動機づけ（第5章参照）やパーソナリティ（第7章参照）といった個人内の要因や家庭や学校の様子といった環境要因が大きく関与することが指摘されている。こういった事例から考えると学力は知能と密接にかかわっているが、その他の要因からも大きな影響を受けているといえるだろう。

2 ── 知能と創造性[6)23)]

　創造性についてはさまざまな定義があるが、一般には「新しく、しかも価値あるものを作り出す力」[24)]といわれている。決まった答えを求めるのではなく、物事の新しい側面や関係を見出す能力といえる。ギルフォードの知性の構造モデルでは、このような能力をもたらす心的操作として拡散的思考があげられている。これは従来の知能検査で求められるような、1つの正しい答えを導く際に働くとされる集中性思考とは異なる操作と考えられている。知能と同様に創造性についても測定するための創造性検査がつくられ、知能検査との関連が検討されている。創造性と知能の成績の関連性をみると全体的にあまり密接なつながりはみられないことが明らかになっている。しかし一方で創造性がより発揮されるには、ある程度の知能のレベルが求められることも指摘されている。また、知能と創造性、そして学力との三者の関係も

検討されており、知能のほうが学力により影響を与えているといえるが、知能が大体同じくらいのレベルにあるときには、創造性が学力に大きく影響すること、学力を測定する検査の内容によって知能と創造性の学力への影響が異なることが指摘されている。

3 ── 知能と社会性[25]

　社会性とは、「人間関係を形成し、円滑に維持していく能力」[26]として考えられている。新しい友人や仲間をつくったり、そのなかで生じるさまざまな問題をうまく調整したりできる人が、「社会性のある人」と一般的に評価されるだろう。知能と社会性はともすれば、相反するものとしてとらえられがちである。例えば「勉強はできるが、人づきあいは苦手」というのは近年の子どもの評価によく出てくる表現である。しかしながら、前述したように知能を「新しい環境に対する適応力」としてとらえる考え方がある。人間にとっての環境とは物理的なものだけでなく、対人的・社会的なものも含まれる。そこから考えると、対人的・社会的な問題解決をする力も知能の一側面ということができるだろう。知能に社会的な要素を組み入れる考え方は知能研究の初期のころからある。試行錯誤学習（第4章参照）で有名なソーンダイクは知能をいくつかに分けて考えることを提案し、そのうち1つを対人関係を扱う社会的知能としている。この社会的知能に関する研究は、測定するための検査をつくることができなかった、などの理由からあまり研究されてこなかったが、近年において再検討が行われている。例えば、先に述べたスタンバーグやガードナーは自らの知能理論のなかで社会的知能を説明できるようにしている（実践的知能および、対人的知能）。また、ベストセラーとなったコールマンの『EQ─心の知能指数』[27]で描かれている、情動的知能（エモーショナル・インテリジェンス）も社会的知能の考えに影響を受けていると考えられる。

● 「第6章」学びの確認
①知能に対して自分たちがもつイメージ（知能観）を、皆で話し合ってみよう。
②仮想データを用いて、IQと偏差IQを計算してみよう。
● 発展的な学びへ
①検査者、被検査者の立場になって、市販されている知能検査を体験してみよう。
②ビネー式、およびウェクスラー式知能検査の検査課題を調べて、どのような課題内容から知能を測定するのかを整理してみよう。

③ビネー式、およびウェクスラー式知能検査以外に、どのような知能検査があるのか、またそれらはどのような特徴をもっているかを調べてみよう。

引用・参考文献

1) 東洋・大田正・詫摩武俊・藤永保代表編『心理用語の基礎知識』有斐閣　1978年
2) アトキンソン,R.L.他『ヒルガードの心理学』ブレーン出版　2002年
3) Wechsler, D. *The measurement and Appraisal of Adult Intelligence. 3rd ed* The Williams & Wilkins Company, 1944.
4) Sternberg, R. J., Conway, B. E., Ketron, J. K., & Bernstein, M. *People's conceptions of intelligence.Journal of Personality and Social Psychology*, 41, pp.37－55．1981
5) 松原達哉「知能の考え方の多様性と見方」ディアリ,I.J.『一冊でわかる知能』岩波書店　pp.161－173　2004年（解説）
6) 今田寛・宮田洋・賀集寛編『心理学の基礎　改訂版』培風館　1991年
7) 心理学実験指導研究会編『実験とテスト＝心理学の基礎－解説編－』培風館　1985年
8) 松村暢隆「スタンバーグによる知能の三部理論」『関西大学文学論集』、48，1999年　pp.17－46
9) 樋口直宏「思考技能教授における知能観とその教材化―スタンバーグの三頭理論（triarchic theory）を中心に―」『立正大学文学部論叢』、109，pp.51－76　1999年
10) Neisser, U. et al. Intelligence: Knowns and unknowns. *American Psychologist*, 51, pp.77－101　1996．
11) ガードナー,H.『ＭＩ：個性を生かす多重知能の理論』新曜社　2001年
12) ガードナー,H.『多元的知能の世界―ＭＩ理論の活用と可能性』日本文教出版　2003年
13) 村田孝次『生涯発達心理学の課題』培風館　1989年
14) 中里克治「老人の知的能力」無藤隆・高橋恵子・田島信元編『発達心理学入門Ⅱ　青年・成人・老年』東京大学出版会　pp.119－132　1990年
15) 岡本夏木・清水御代明・村井潤一監『発達心理学辞典』ミネルヴァ書房　1995年
16) ディアリ,I.J.『一冊でわかる知能』岩波書店　2004年
17) 松原達哉編『心理テスト法入門　第4版』日本文化科学社　2002年
18) 渡部洋編『心理検査法入門』福村出版　1993年
19) 財団法人田中教育研究所編『田中ビネー知能検査法』田研出版株式会社　1987年
20) 財団法人田中教育研究所編『田中ビネー知能検査Ⅴ　理論マニュアル』田研出版株式会社　2003年
21) 福沢周亮編『現代教育心理学』教育出版　1982年
22) 倉石精一・苧阪良二・梅本堯夫『教育心理学　改訂版』新曜社　1978年
23) 住田幸次郎「知能と創造性」恩田彰編『創造性の基礎理論』明治図書　pp.76－92　1969年
24) 辰野千寿・高野清純・加藤隆勝・福沢周亮編『多項目教育心理学辞典』教育出版　1986年
25) 子安増生『子どもが心を理解するとき』金子書房　1997年
26) 中島義明他編『心理学辞典』有斐閣　1999年
27) コールマン，D.『EQ　心の知能指数』講談社　1996年
28) 村上宣寛『IQってホントは何なんだ？　知能をめぐる神話と真実』日経BP社　2007年
29) Sternberg, R.J. et al.（eds）*Encyclopedia of Human Intelligence.* Macmillan, 1994.
30) 中里克治「老人の知能のアセスメント」上里一郎監修『心理アセスメントハンドブック　第2版』西村書店　2001年　pp.328－353

第6章 ●知的能力の発達

●○● コラム ●○●

発達の最近接領域

　発達の最近接領域（zone of proximal development）は、旧ソ連の心理学者であるヴィゴツキーが教育と発達の関係のあり方を主張する際に提唱した概念である。「自主的に解決される問題によって規定される子どもの現在の発達水準と、おとなに指導されたり自分よりも知的な仲間と協同したりして子どもが解く問題によって規定される可能的発達水準とのあいだのへだたり」[1]と定義されている。自分1人ではできないが先生や友達からやり方を教えてもらったり、先生や友達のやり方を見てヒントにしたりといった相互作用を通してできること、今まさに発達しかけている領域のことを意味するといえる。ヴィゴツキーは「子どもの時代の教授は、発達に先廻りし、自分の後に発達を従える教授のみが正しい」[2]と主張し、教育的な働きかけが子どもの発達に影響を与えるためには、この発達の最近接領域を考慮することが必要であることを強調している

　また、ヴィゴツキーは、「遊びは発達の源泉であり、発達の最近接領域をつくりだす」[3]と主張している。このことから、幼児期においては、例えば新しい遊具やルールによる遊び方や他者とのかかわり方について保育者に援助を受けたり、友達同士で教え合うといった活動を遊びのなかで経験することを通して、子どもはその発達の水準を高める機会を得ているといえるだろう。

〔引用・参考文献〕
1）ヴィゴツキー『「発達の最近接領域」の理論』三学出版　2003年
2）ヴィゴツキー『新訳版　思考と言語』新読書社　2001年
3）ヴィゴツキー『児童心理学講義』明治図書　1976年
4）明神もと子編著『はじめて学ぶヴィゴツキー心理学～その生き方と子ども研究～』新読書社　2003年

第7章 パーソナリティの発達

◆キーポイント◆

　第1節では、パーソナリティの形成要因と、主要なパーソナリティ理論について述べる。パーソナリティの形成要因には遺伝と環境があるが、それらは個々に独立して影響するものではない。遺伝か環境かではなく、現在では相互作用説が主流であり、パーソナリティのどの部分にいずれの影響が大きいかが研究されている。またパーソナリティの理論では、大きく分けて精神分析学的理論、学習論的理論、人間主義的な理論を紹介する。

　第2節では、パーソナリティの法則性を明らかにしようとした理論と測定方法、さらに適応について記述する。人間を理解するために、パーソナリティの個人差の法則性を明らかにしようとしたのが類型論と特性論であり、それらを測定しようと試みたものがパーソナリティテストである。また人間は、欲求不満や葛藤状態に長くおかれると不適応を起こすが、適度な欲求不満や葛藤経験は適応上不可欠である。

第1節 ● パーソナリティの形成

　パーソナリティは、仮面を意味するラテン語のペルソナ（persona）から由来する言葉であり、日本語では、人格と訳されることが多い。パーソナリティとは、その個人の思考や行動を特徴づけている一貫性と持続性をもつ心身の統一的な体系を意味し、成長とともに変化・発展するものとされている。

　また、パーソナリティには、性格、気質といったものが含まれる。性格はパーソナリティのなかの情緒的・意思的側面をさし、気質は生理学的・生物学的基礎に基づく側面をさすといわれている。

1 ── 遺伝と環境

　ある特性に関して、遺伝と環境のどちらの寄与が大きく、主要な決定因なのであるか、ということが数多く議論されてきた。しかし、現在では、遺伝と環境は相互に独立して影響するものではなく、相互に作用し合うものであるとされ、パーソナリティのどの部分に、いずれが強く影響するかが明らかになってきている。

(1) 遺伝的要因による影響

　人間の心身の発達は、誕生時に遺伝的に決定されており、環境によって変えることはできないとする考え方が遺伝説（生得説）である。家系研究法[※1]と呼ばれるものの多くは、特殊な才能や精神病理に関する遺伝の有無を扱ったものであり、例えば、音楽家であるバッハの家系では、5世代で13人の著名な音楽家が輩出されている。

　また、遺伝的に影響の大きいパーソナリティがどの部分であるかを明らかにしようとする研究では、気質（性質）には、比較的遺伝の影響が大きいということが明らかになっている。双生児法[※2]では、心的活動性（精神的テンポ）、根本気分（その人の根底にある雰囲気）、感受性、向性（内向的・外向的）等の性質が、遺伝によりかなり規定されるといわれている。近年では、欧米の行動遺伝学において、遺伝率[※3]という数量を用いた遺伝的要因の個人差への影響が研究されている。プロミン（Plomin,R. 1990）は、パーソナリティの多くの特性の遺伝率は中程度であり、特に、外向性（社会性を中心とする）と神経症的傾向（情動性を中心とする）の遺伝的影響が高く、男性性―女性性やあいまいさへの耐性等それら2つの特性とは独立した特性は、遺伝的影響は低いとしている。

(2) 環境的要因による影響

　人間は白紙の状態で生まれ、発達は生後のさまざまな生育環境によって規定されるというのが環境説（経験説）である。行動主義（第4章参照）の提唱者であるワトソン（Watson, J. B.）は、子どもを環境の操作によって、思うままに育てることができるという極端な主張をし、機械論だという批判を浴びた。

　パーソナリティの形成に影響を及ぼす環境的な要因にはさまざまなものがあるが、乳幼児期における家族の影響は大きな意味をもつことから、数多くの研究が行われている。サイモンズ（Symonds, P. M.）は支配―服従、受容―拒否といった親の養育態度と子どものパーソナリティの関連について明らかにした。多数の研究を検討し、親の養育態度と子どもの性格について、詫摩と依田（水島，1980）が整理したものを表7-1に示す。

※1　家系研究法
あるパーソナリティ特性について、何世代かの家系を調査し、その特性の出現頻度が平均より多いことを証明し、遺伝的要因を明らかにしようとする研究方法である。しかし、この研究法は、同一家系の人間は類似の環境で生活することが多く、環境要因と遺伝的要因の分離ができていないこと、人間の一世代は非常に長くすべてを観察することは困難であり、さらには幾世代にもわたった研究では記述が完全ではあり得ないという批判があり、遺伝の優位性を証明するものではないとされている。

※2　双生児法
この研究は、一卵性双生児と二卵性双生児の類似度と相違度により、遺伝的要因と環境的要因のいずれが優位なのかについて明らかにしようとするものである。例えば、遺伝的には同じ一卵性双生児を別々の環境で育て、発達に及ぼす環境の影響を調べるなどがある。

※3　遺伝率
社会集団のなかでの個人差の差異に、遺伝的要因が相対的にどの程度反映されているかを意味する。ある集団のなかで知能の差（個人差）が認められるとき、その差を決定づけている要因のなかで、遺伝が占める割合をさす。

表7-1　親の養育態度と子どもの性格（水島，1980）

親の態度	子どもの性格
支配的	服従的、自発性なし、消極的、依存的
かまいすぎ	幼児的、依存的、神経質、受動的、臆病
保護的	社会性なし、思慮深い、親切、情緒安定
甘やかし	わがまま、反抗的、幼児的、神経質
服従的	無責任、攻撃的、情緒不安定、反社会的
無視	冷酷、攻撃的、情緒不安定、反社会的
拒否的	冷淡、反社会的、自己顕示欲、神経質
残酷	冷酷、強情、逃避的、神経質
民主的	素直、独立的、協力的、社交的
専制的	依存的、反抗的、自己中心的、情緒不安定

(3) 相互作用

　遺伝か環境かではなく、遺伝も環境もともに重要であり、発達への影響はそれらを足しあわせたものであるというのが、シュテルン（Stern, W.）の主張した輻輳説（ふくそうせつ）である。しかし今日では、遺伝と環境の影響は単なる加算ではなく、相乗的に作用し合っているという相互作用説が有力である。例えば、環境的要因による影響で示した親の養育態度と子どもの性格は、親の養育態度が子どもの性格を決定するということを意味するのではない。新生児の抱かれやすさには個人差があるとされており、もともともっている子どもの気質が、親の養育態度を引き出すという側面もあるため、一方向のみでは説明できないものなのである。

2 ── パーソナリティ形成の理論

(1) 精神分析学的なパーソナリティ理論

①フロイトの理論

　精神分析の創始者であるフロイトは、その臨床経験から、心の機能は意識される領域だけでなく、無意識的な領域にも大きく影響されるということを理論的に体系化した。人間の心理的世界をエス（Es，イド"idともいう"）、自我（ego）、超自我（Super-ego）の3つの領域に分け、その領域の機能は発達や病理によって変化するものであるとされている（図7-1）。エス（イド）は、リビドー（本能衝動）の源泉であり、欲求の満足を求める。自我は、エスと超自我の調和を図り、外的現実（社会）に適応するよう調整する機能

がある。超自我は、道徳性、良心、理想にあたり、子どもが親や周囲のおとなを同一視する過程において、善悪の規範や価値を内面化したものである。

②エリクソンの理論

フロイトの後継者であるエリクソン（Erikson,E.H.）は、人間が社会的存在であることを重視し、心理・社会的な自我発達理論を提唱した。個人の成長・発達を誕生してから死ぬまでの生涯にわたるプロセスとしてとらえ、それらを8つの段階からなるライフ・サイクルに分けている。ライフ・サイクルの各段階には、解決すべき発達課題と心理・社会的な危機が存在し、個人を取り巻く環境との相互調整によって、危機を乗り越え発達課題が達成される。ライフ・サイクルの各段階は順番に出現し、前段階の発達課題を達成しなければ次の段階に進むことができないとされており、それらは漸成原理（epigenetic principle）と呼ばれる。そのなかでは、青年期の課題である自我の統合機能の確立を示す同一性[※4]（identity）の獲得が重要視されている。表7-2に、各段階における心理・社会的な危機と、獲得される人間的強さ（エリクソンが徳と呼ぶもの）を示す。

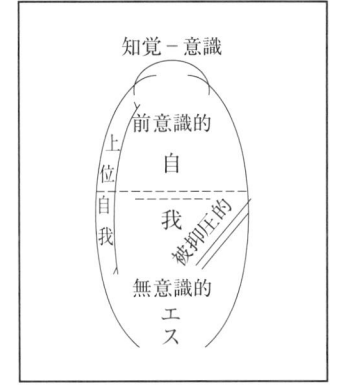

図7-1 フロイトの心的構造（フロイト, 1989）

※4 同一性(identity)
エリクソンの発達理論における中心的概念であり、安定感と自尊感情を伴った、青年期に形成される主体的な自己についての意識。自分らしさ、自己の存在証明、自分固有の生き方などを意味する。

表7-2 エリクソンの自我発達の展望図（水島, 1980より作成）

段階	徳	発達課題							
Ⅰ乳児期	希望	基本的信頼 対 基本的不信							
Ⅱ早期児童期	意思		自律性 対 恥・疑惑						
Ⅲ遊戯期	目的性			自主性 対 罪悪感					
Ⅳ学童期	適格				勤勉性 対 劣等感				
Ⅴ青年期	忠誠					同一性 対 同一性拡散			
Ⅵ前成人期	愛						親密 対 孤立		
Ⅶ成人期	世話							生殖性 対 停滞性	
Ⅷ成熟期	英知								統合 対 絶望・嫌悪

注：「徳」＝獲得される人間的強さ

(2) 学習論的なパーソナリティ理論

ワトソン（Watson, J. B.）は、条件反射[※5]が人間の行動を説明する重要な要素であるとし、条件反射によるパーソナリティの分析を行った。彼の理論では、パーソナリティとは個人の形成する習慣の集まりであり、古い習慣体系を学習によって解消し、さらに新しい学習をすれば変更・修正することが可能であるとしている。

(3) 人間主義的なパーソナリティ理論

ロジャーズ（Rogers, C. R.）は、カウンセリングにおける治療の過程から、人間が独自に意味づけた主観的世界（現象的場）のなかで生きていることに着目し、パーソナリティを形成し行動を決定するものは、客観的な刺激ではなく、それら現象的場であると主張した。そして、特に自己概念（self-concept）の役割を重視し、現象的場のなかで一貫して自己に関連し、意識された経験に基づいて構成されるまとまりを自己概念と呼んだ。それら自己概念は、他者からの評価的な相互作用によって影響され、形成されていくものである。

第2節 ● パーソナリティと適応

1 ── 類型論と特性論

個人のパーソナリティを理解するために、法則性を明らかにしようとするのが類型論と特性論である。

(1) 類型論

パーソナリティを一定の理論や基準に基づき、少数の類型（タイプ）に分類するのが類型論である。典型的な人物像を描き出すことにより、人間を質的・全体的に把握しようとするところに特徴がある。しかし、実際に典型的な人物は少なく、多くの人は中間型に属する。また、類型に固有の面ばかりが強調され他の側面が軽視されたり、環境因や成長・発達の可能性が軽視されたりする危険性があるとされている。

しかし、これらの批判について若林（2000）は、類型論は典型として焦点を明確にしていることが重要であるとし、さらに類型概念によってすべてのパーソナリティ傾向を説明しようとしているのではなく、本質的部分を説明

※5 条件反射
パブロフ（Pavlov, I.P.）によって発見された。心理学では条件反応という場合が多い。詳しくは第4章参照。

しようとするものである、と述べている。

①生物学や医学に基礎をおいた類型論

クレッチマー（Kretschmer, E.）は、体格と気質はそれぞれ体質に規定されるものであり、結果的に対応関係をもつと考え、それらの分類を行った。気質としては、内的世界に閉じこもりがちで現実世界との接触が希薄な分裂気質、人づきあいがよく感情表現の率直な循環（躁うつ）気質、粘り強く頑固で時に爆発する粘着気質の3つがある。それらに、それぞれ、やせて細長い細長型、ずんぐりした肥満型、がっしりした闘士型という体格をあてはめた。

シェルドン（Sheldon, W. H.）は、3つの体格型（内胚葉型、中胚葉型、外胚葉型）と三群の気質類型（内蔵型、体組織型、脳型）を設定して対応関係を検討した。その結果は、クレッチマーの体格―気質類型論をほぼ支持するものであった。

②心理学的な類型論

シュプランガー（Spranger, E.）は、さまざまな価値への関心の程度によってパーソナリティを説明しようとし、価値観を6つの類型に分類した（表7-3）。

ユング（Jung, C. G.）は、合理的機能である思考、感情、非合理的機能である感覚、直観という4つの基本的心理機能を想定し、それらに精神エネルギーが向かう方向である外向―内向をあわせた8つの類型を示した。4つの基本的心理機能は、どれか1つが特に発達し、その個人の考え方や行動を特徴づけるとされている。ユングの考えた類型は固定的なものではなく、パーソナリティの成熟は、内向―外向のバランスをとりながら、未発達の機能の発達を促すことによりなされるものであるとしている。

表7-3　シュプランガーによる価値観の類型論（水島，1980より作成）

理論型	ものごとの客観性や論理性を重要視する
経済型	あらゆる点に経済性、利用性を重視する
審美型	実生活に関心がなく、美に最高の価値をおく
宗教型	宗教的活動を重要視する
政治型	権力を重要視し、他人を支配したり指導することに価値をおく
社会型	人間愛を重視し、自己犠牲をもいとわず社会的献身を行う

(2) 特性論

パーソナリティの特徴は多面的なものであり、少数の類型にまとめることは難しいとして打ち出されたのが特性論である。パーソナリティの特徴やそ

のまとまりを特性（trait）と呼び、特性はパーソナリティを構成する単位（構成概念）であるとしている。パーソナリティテスト（検査）として特性は尺度化され、それらの量的な程度が尺度上の位置で示される。また個人のパーソナリティは、複数の特性尺度を測定した結果であるプロフィールによってとらえられる。このように、人間を量的・分析的に把握しようとするところに特徴がある。

特性論に対して、特性という構成概念より状況要因の重要性を説いた状況論が、1960年代後半より優勢であったが、現在では、特性と状況の相互作用を解明しようとする立場が主流である。

①オルポートの特性論

オルポート（Allport, G. W.）は、特性という概念を初めて用い、共通特性（common trait）と個別特性（individual trait）に分けた。共通特性とは、一般に人が共通してもち、他者との比較が可能なものをさし、個別特性とは、他者とは比較できないその個人独自のものをさす。パーソナリティ構造の研究法として、前者を対象とするのが、一般法則の確立を求める法則定立的接近法であり、後者を対象とするのが、個性記述的接近法である。オルポート自身は、個別特性の研究に中心をおいていたが、彼の特性論は、その後共通特性を抽出する方向で発展していった。

②アイゼンクの特性論

アイゼンク（Eysenck, H. J.）は、因子分析※6を用いて、関連する特性をまとめ、階層モデルを提唱した（図7-2）。類型として、外向―内向、神経症傾向、精神病傾向の3つの因子※7を抽出し、それぞれを類型水準として最上層におき、下層に特性水準、習慣的反応水準、特殊反応水準をおいた階層としてパーソナリティをとらえた。

上に示しただけでなく、パーソナリティの特性は、研究者によりさまざま

※6　因子分析
多くの変数の相関構造を少数の仮想的因子で説明する統計的な分析方法である。

※7　因子
因子分析において観測変数に含まれると仮定する一組の潜在変数をいう。すべての変数に内在する共通因子と、特定の変数にのみ含まれる固有因子との2種類がある。

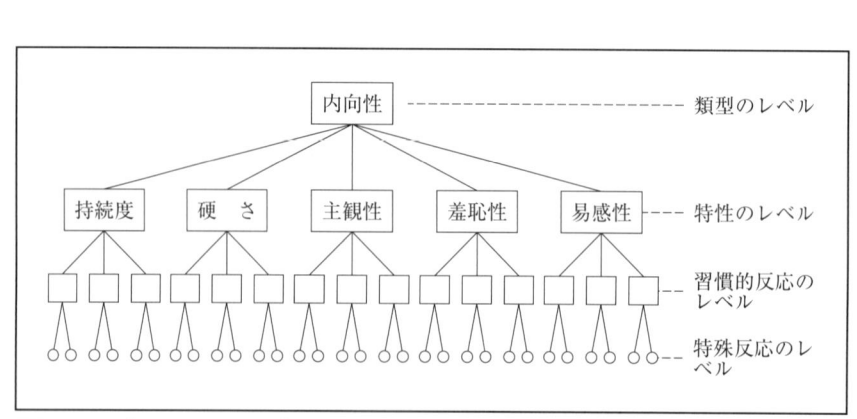

図7-2　パーソナリティの階層的構造（Eysenck, H. J., 1960）

である。例えば、キャッテル（Cattell, R. B.）は16因子を、ギルフォード（Guilford, J. P.）らは13因子を抽出するなど、研究者たちがそれぞれ独自の理論を展開している。

③**特性5因子説（ビッグファイブ）**

　計算機の飛躍的な機能の向上とともに、過去のデータの再分析が数多く行われた。それらの研究では、因子名の統一はなされていないが、パーソナリティの基本的特性因子を5つとしている。それらは特性5因子説、またはビッグファイブと呼ばれる。

　それら数多くの研究のなかでも、コスタとマックレー（Costa, P. T. & McCrae, R. R.）が抽出した5因子（神経症傾向、外向性、開放性、調和性、勤勉誠実性）は、構造が安定して確認されるとともに他の検査や理論との関連性も明らかになり、さらには世界各国の翻訳版でも同じ結果が確認されるなど、世界的に普遍性のあるものとみなされている（表7－4）。

表7－4　代表的な質問紙法

検査名	検査の特徴
Y－G性格検査（矢田部ギルフォード性格検査）	ギルフォードの人格理論に基づき、矢田部達郎により作成された。抑うつ性、気分の変化、劣等感、神経質、客観的、協調的、攻撃的、活動的、のんきさ、思考的内向、支配性、社会的内向という12の下位尺度からなり、プロフィールは5つ（平均型、不安定不適応積極型、安定適応消極型、安定適応積極型、不安定不適応消極型）に分類される。
MMPI人格検査（Minnesota Multiphasic Personality Inventory）	ミネソタ大学のハサウェイとマッキンレー（Hathaway, S. R. & McKinley, J. C.）により開発された。10の臨床尺度（心気症、抑うつ、ヒステリー、精神病質偏奇、男性性・女性性、パラノイア、精神衰弱、精神分裂病、軽躁病、社会的内向性）、4つの妥当性尺度（疑問尺度、虚構尺度、頻度尺度、修正尺度）、多数の追加尺度からなる。
NEO-PR-R人格検査（Revised NEO Personality Inventory）	コスタとマックレー（Costa, P. T. & McCrae, R. R.）により開発された。5つの次元とそれぞれ6つの下位次元からなる。N：神経症傾向（不安、怒りと敵意、抑うつ、自意識、衝動性、傷つきやすさ）、E：外向性（温かさ、群居性、主張性、活動性、興奮追求、快感情）、O：開放性（幻想、美、感情、活動、観念、価値（への開放性））、A：調和性（信頼、正直、愛他、屈従、謙虚、やさしさ）、C：勤勉誠実性（実行力、秩序、義務感、達成への努力、自制、熟慮）。
CMI健康調査票（Cornel Medical Index）	コーネル大学のブロードマン（Brodman, K.）らにより作成された。身体的・精神的な自覚症状に関する質問からなる。下位項目は身体的症状が12項目、精神の症状が6項目である。心身症や情緒障害を発見する手がかりとなる。

2 ── パーソナリティテスト（性格検査）

心理学的アセスメント[※8]（assessment）の目的は、対象となる事例に関し、パーソナリティを中心とした広い情報を収集し、それらを総合して事例を全体的に理解することにある。パーソナリティ・テストは、それら心理学的アセスメントの技法の1つである。

上述したように、パーソナリティにはさまざまな側面があり、それらを理解するための理論も数多い。どの理論に基づくかによって、評価・測定の方法が異なる。個人のパーソナリティを理解するためには、それら異なる複数のパーソナリティ・テストを用い、総合的に理解することが必要となる。個人のパーソナリティ理解のために必要な複数のパーソナリティ・テストを組み合わせることを、テスト・バッテリーという。

また、パーソナリティ・テストには多くの種類があるため、それらを使用する際には、基づいている理論をよく理解すること、検査の目的や対象にあわせて選択することが必要となる。

(1) 質問紙法

質問紙法は、質問項目に対して、自分の性格特性や行動特徴をあらわす項目にどれだけあてはまるかについて回答する技法であり、目録法（inventory）とも呼ばれる。回答方法は、「はい・いいえ」や「1．全くあてはまらない～5．非常にあてはまる」などの選択肢から1つを選ぶ。回答結果は、尺度ごとに数量化され、性格特性や行動特徴の強弱としてあらわされる。

質問紙法の長所は、実施の方法が簡易で短時間に多くの資料を収集できること、結果の解釈に検査者の主観が入りにくく客観的な結果が得られること、費用があまりかからないことである。短所としては、人によって質問項目の内容の理解の仕方が異なることや、一般的に、質問紙は意識的なものを測定するとされているため、例えば意識的に嘘をつくことなど、回答の歪曲の可能性があげられる。これらの短所を補うために行われるのが、妥当性[※9]（validity）と信頼性[※10]（reliability）の検討である。妥当性と信頼性が繰り返し確認されたものが、表7－4に示す標準化された質問紙である。

(2) 投影法

投影法は、被験者に比較的あいまいで多義的な刺激を提示してそれに対する自由な反応を求めたり、自由に描画などを作成させるなどし、その反応の仕方や作品を解釈することによりパーソナリティを理解しようとする技法で

※8 アセスメント（assessment）
査定ともいい、個人の性格、知能、適性などを臨床的に判定することをいう。大きく分けて、会話から情報を得る面接法、行動を見ることで情報を得る観察法、課題の遂行結果から情報を得る検査法の3つがある。

※9 妥当性（validity）
そのテストが測定しようとしているものを十分に測定しているかどうかの度合いである。内容的妥当性（測定したいものを含んでいるか）、基準連関妥当性（外的基準と相関するか）、構成概念妥当性（意図するものを測っているか）がある。

※10 信頼性（reliability）
測定結果の安定性と一貫性のことで、同一人物に同じ条件で同じテストを行った場合同じ結果が出るか、同じようなテストを行った場合同じような結果が出るかということである。

ある。個人のパーソナリティ全体の理解を目的としている。

　投影法の長所は、あいまいで多義的な刺激を提示し回答も自由であることから、検査の意図を読み取られにくく、無意識的な反応を引き出せることであるとされている。短所としては、検査に比較的時間がかかること、検査者の態度が被験者に影響を及ぼしやすいこと、結果の解釈の方法が複雑であり検査者の主観が入りやすいことがあげられており、理論的な理解と技法の熟練が必要とされる。表7－5に代表的な投影法をあげる。

表7－5　代表的な投影法

検　査　名	検査の特徴
PFスタディ （絵画欲求不満テスト）	ローゼンツァイク（Rosenzweig, S.）によって考案された。24枚の日常的な欲求不満場面を描いたイラストに対する言語反応から対処の仕方を分析する。対処の仕方は、3つの攻撃の方向（内罰、外罰、無罰）と3つの反応の型（障害優位、自己防御、要求固執）があり、これらを組み合わせた9つの型に分類される。
ロールシャッハテスト （Rorschach Psychodiagnostic Plates）	ロールシャッハ（Rorschach, H.）により考案された。インクのしみで偶然できた左右対称の10枚の図版を用いる。図版を順次提示し、自由な反応と質問への反応を、5つの側面（位置づけ、決定因、内容、平凡－独創性、形態水準）について分析する。
バウムテスト （The Tree Test）	コッホ（Koch, C.）により考案された。自由に描かれた「一本の実のなる木」について、4つの側面（全体的印象、樹木の形態、鉛筆の動き、樹木の位置）から約60項目について診断的に解釈する。

(3)　作業検査法

　作業検査法は、一定の作業を被験者に課し、その課題遂行結果（作業量や作業傾向）から、パーソナリティを理解しようとする技法である。集中力、正確さ、達成意欲、作業能率といった意思的な側面を測定するテストであるため、適性検査や職業指導にも用いられることが多い。

　代表的な作業検査法に内田クレペリン精神作業検査があげられる。この検査は、何行もの一桁の数字が並んだ検査用紙を、1字目と2字目、2字目と3字目というように1行目から横に加算し、答えの1位の数字を印刷されている数字の間に書き込む。それを検査者の号令に従い1分ごとに行を変えて15分行い、5分の休憩後にさらに15分行うというものである。結果の分析の

方法には曲線類型判定、個別診断的判定、PF判定法がある。曲線類型判定では、個々の結果の作業量水準、各行の加算作業の最後の行を結んだ作業曲線の型、誤答数などを総合し、健常な成人の典型的な曲線との量的・質的なへだたりの程度から心理的特徴を判定する。

　作業検査法の長所は、比較的単純、明確で、集団に短時間で施行できることである。短所としては、パーソナリティを多面的に測定できないことがあげられる。

3 ── 適応と不適応

　他の生物とは異なり、人間は環境に対処する行動様式を身につけ、自分の感情や欲求をコントロールしていく必要がある。適応（adjustment）とは、個人が周囲の環境や人間との間に調和した適切な関係を維持しながらも、自己の心理的安定が保たれている状態をいい、人格的・獲得的な社会的行動にかかわる概念であり、個人の特徴を反映している。そのため、適応の様式はさまざまなものがあり、各個人が独自の適応の仕方をもつ。

　それに対し、不適応（maladjustment）とは、調和した適切な関係が維持できないために、不安や焦燥感、劣等感など心理的に不安定な状態を示すことをいう。日常生活が楽しく過ごせないで悩むなど、日常生活に支障をきたしたりと、不適応の程度はさまざまである。

(1) 外的適応と内的適応

　適応には外的適応と内的適応という2つの側面がある。外的適応とは、環境からの要求に従い、個人がその要求にあわせた望ましい行動をとっている状態をさし、内的適応とは個人の側の欲求の充足を求めて行動している状態をさす。この2つの側面は必ずしも両立するものではない。周囲とのよい関係を保つために、やりたいことや言いたいことを我慢したり、逆に、自分の要求を通して周囲との関係がうまくいかなかったり、というような対立関係が生じることがある。いずれに傾いても不適応状態が生じることとなるため、適応には、外的適応と内的適応のバランスが重要であるといえる。

(2) 欲求不満と葛藤
①欲求不満
　マズロー（Maslow, A. H.）は、欲求階層理論において、より低い欲求が充足されて初めて高い欲求が充足されると考えた（第5章参照）。

日常の生活のなかでは、欲求が常に充足されるとは限らず、思い通りにいかないことが多い。その原因は、環境に基づく外的なものと自分自身の能力や身体状況などに基づく内的なものとがあり、これらの原因によって欲求が充足されない状態を欲求不満という。欲求不満に耐えることのできる力を欲求不満耐性といい、適度な欲求不満を経験して欲求不満耐性を獲得することは、パーソナリティの適応上不可欠である。

②葛藤

2つ以上の欲求が同時に生じ、その1つを満足させることが他の欲求の満足を妨害するような状態を葛藤という。レヴィン（Lewin, K.）は、葛藤の型として以下の3つをあげている。

●接近―接近型

2つの目標対象が自分にとって両方好ましいものであるが（＋＋の誘意性）、いずれか一方しか獲得できない場合に生じる。例えば、アイスクリームとチョコレートの両方を買いたいが、お小遣いでは1つしか買うことができないなどである。

●回避―回避型

2つの避けたいと思うような否定的な目標対象に挟まれるが（－－の誘意性）、どちらかを選ぶしかない場合に生じる。例えば、試験勉強は嫌だが、単位を落とすのも嫌などである。

●接近―回避型

1つの目標対象が好ましいものであると同時に危険や困難を含む場合に生じる。例えば、病気を早く治したいが、危険な手術を受けたくないなどである。

葛藤についても、欲求不満と同じくパーソナリティの適応上、適度に経験し、葛藤を健康的に解決する機制を使うことができるようになることが重要である。

③適応機制

欲求不満や葛藤に長くさらされると、緊張が高くなったり不安にさいなまれるなど、その状態に耐えられなくなる。それらの緊張や不安を解消し、現実に適応するための自我の機能を防衛機制という（表7－6）。フロイトによって提唱され、その娘のアンナ・フロイト（Freud, A.）によって整理されてまとめられた。防衛機制は適応に役立つものではあるが、その場しのぎであり、現実を否定したり歪めて認知したりするような、社会的にはむしろ不適応的な側面をもつものが多い。しかし、そのなかには昇華のように、社会的に認められ創造的な結果をもたらす機制も存在する。

表7－6　代表的な防衛機制（『性格心理学ハンドブック』，1988より作成）

防衛機制	特　徴
抑圧	最も基本的な防衛機制であるとされている。感情、記憶、思考、願望、受け入れがたい衝動を意識から締め出す。
逃避	不安を生じさせる状況から逃れる。退避、他の現実・空想・病気等への逃避がある。
投影	自分自身の願望や衝動等を他人のものとみなす。自己や他者、外界の認知を歪めている。
反動形成	自分の衝動や願望と正反対の行動や態度をとる。
退行	困難に直面したとき、過去の未熟な行動様式に戻る。逃避の一形式といえる。
置き換え	欲求不満を起こさせた人物や対象に、衝動や願望を向けることができない場合、別の対象にそれらを向ける。
昇華	社会的に認められない衝動や願望を、社会的に認められ、価値のあるものに形を変え表出する。
合理化	欲求不満に対し、もっともらしくはあるが客観的には妥当ではない理由をつける。

●「第7章」学びの確認
①個人のパーソナリティを理解するために、複数のテストを組み合わせるが（テストバッテリー）、なぜそのようなことが必要なのか考えてみよう。
②表7－6に示す防衛機制について、実際の具体的な例を考えてみよう。
●発展的な学びへ
①乳児の気質的な個人差について調べてみよう。
②性格形成には、さまざまな影響が考えられるが、そのなかの友人関係からの影響を調べてみよう。

引用・参考文献

1）Freud, S. *Das Ich und Es.* 1923 （『改訂版　フロイド選集　第4巻　自我論』日本教文社　1979年　pp.239－302）
2）藤永保「パーソナリティ発達の理論」柏木惠子（責任編集）『新・児童心理学講座　第10巻　パーソナリティの発達』金子書房　1992年　pp.1－46
3）肥田野直「人格における特性論」『岩波講座　精神の科学2　パーソナリティ』岩波書店　1983年　pp.133－168
4）河合隼雄『ユング心理学入門』培風館　1983年
5）Maslow, A. H. *Toward a Psychology of Being.* D.Van Nostrand Co. Inc　1962（上田吉一訳『完全なる人間』1988年　誠信書房、水島恵一訳『パーソナリティ』有斐閣双書　1980年）
6）長島貞夫監『性格心理学ハンドブック』金子書房　1988年　有斐閣
7）Allport, G. W. *Pattern and Growth in Personality*　Holt/Rinehart/Winston　1961（今田恵監訳『人格心理学　上』1969年　誠信書房）
8）Plomin, R. *Nuture and nurture : An introduction to human behavioral genetics.* Brooks/Cole 1990（安藤寿康・大木秀一共訳『遺伝と環境―人間行動遺伝学入門』　1994年　培風館）
9）菅原健介「性格」日本教育心理学学会編『教育心理学ハンドブック』2003年　pp.93－97

10) 詫摩武俊監『パッケージ・性格の心理 第4巻 性格の諸側面』ブレーン出版　1991年
11) 詫摩武俊・鈴木乙史・清水弘司・松井豊編『シリーズ人間と性格第1巻性格の理論』ブレーン出版　2000年
12) 詫摩武俊・鈴木乙史・清水弘司・松井豊編『シリーズ人間と性格　第6巻　性格の測定と評価』ブレーン出版　2000年
13) 辻平次郎・藤島寛・辻斉・夏野良司・向山泰代・山田尚子・森田義宏・秦一士　1997年「パーソナリティの特性論と5因子モデル―特性の概念、構造、および測定」『心理学評論』, 40, 1997年　pp.239-259

●○●　コラム　●○●

パーソナリティ（性格）研究の発展のきっかけ ―パーソナリティは存在するのか？

「性格的に……だから」という表現を使って、私たちはよく他人や自分自身を表現する。この場合、言葉や行動にあらわれる一貫した何かを、私たちは性格という言葉であらわしている。心理学においては、個人にはその人らしい行動の一貫性があり、背後にその一貫性を生み出す性格があると考えられてきた。このことは、他人を理解したり行動を予測したりする際の大きな手がかりとなる。

しかし、1960年代後半に、ミッシェル（Mischel, W.）は、一貫した個人差としての性格特性の存在を否定し、従来のパーソナリティ理論を批判した。彼は、物事の見方、問題解決の方略などの知的側面以外は、人間の行動に一貫性はあまりなく、その時々の状況や環境、文脈により、大きく規定されるとした。そして、性格という人間の全体的な傾向による行動の予測は困難であり、適切な予測は、状況の性質を十分吟味したうえで個別的になされるべきだと主張した。これは、状況要因のみを重要視した主張ではない。状況をどう受け取り行動につなげるかといった媒介変数として個人差をとらえ、状況との複雑な相互作用を重視したものである。

これ以降、パーソナリティを測定するためのより厳密な方法や行動予測をめぐる研究が数多くなされることとなった。ミッシェルによる批判をきっかけとして、パーソナリティに関する研究がより活発になっていったのである。

余談であるが、私たちは、パーソナリティによって行動を説明しがちな傾向がある。これは、「基本的な帰属の誤り」と呼ばれ、社会心理学において注目を集めている現象によって説明できるとされている。つまり、人間は、行動の原因が何であるかと考えるとき、状況要因よりも、パーソナリティ等、人の側の要因を過度に重視しやすいのである。

第8章 教育・保育における評価

◆キーポイント◆

　教育評価という言葉から、何を思い浮かべるだろうか。「テスト」や「成績表」と答える人が、多いのではないだろうか。かけっこが速い・遅いというように、教育の成果（能力）に点数をつける評定も、もちろん1つの評価である。しかし、それを後の教育や学習にどう生かすかという視点なくしては評価の意味がない。評価の仕方によっては教育の役に立たないばかりか、子どもの成長を阻害してしまう危険性すらある。近年では新たな学習観のもと、知識や技能の獲得のみならず、学ぶ意欲や思考力のように、簡単には点数をつけられない側面を含めて教育評価をいかに行うべきかが盛んに論じられている。
　本章では、評価の信頼性・妥当性の問題や、評価のあり方など評価の基本を理解したうえで、現代の教育や保育で求められている適切で意味ある評価の方法について考えていく。

第1節 ● 教育評価

1 ── 教育評価とは ─評価の目的─

　教育評価とは図8-1に示すとおり、実に多面的で複雑な営みである。このような教育評価はなぜ、何のために行われるのだろうか。その機能に注目すると、以下のような3つの観点からとらえることができる（梶田、1995）。

(1) 子ども自身が学ぶため

　まず、個々の子どもにとって、何がわかっていて何がわかっていないのかを知らせる結果のフィードバックとしての働きがある。すなわち、子ども自身が行った反応の結果を指導者が子どもに知らせることによって、できたのか、できなかったのか、あるいはできなかったのならば、なぜできなかったのかを子ども自身に知らせたり、考えさせたりすることができる。評価のフィードバックは学習のペースメーカーとなるばかりでなく、自分の性格や得意・不得意を知る機会になる。また、個人や文化を反映する評価を通じて、子どもは価値の方向に気づくということもある。子どもがふざけて発した言葉

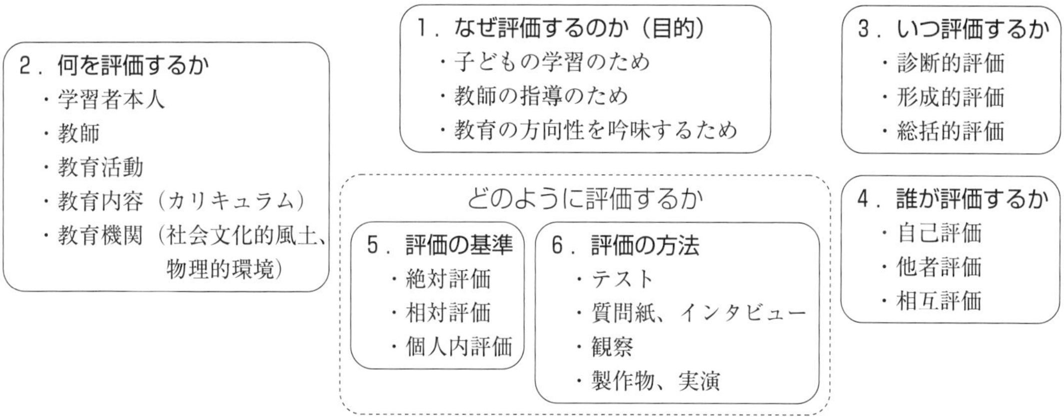

第8章 ●教育・保育における評価

```
2．何を評価するか          1．なぜ評価するのか（目的）       3．いつ評価するか
 ・学習者本人               ・子どもの学習のため            ・診断的評価
 ・教師                     ・教師の指導のため              ・形成的評価
 ・教育活動                 ・教育の方向性を吟味するため    ・総括的評価
 ・教育内容（カリキュラム）
 ・教育機関（社会文化的風土、      どのように評価するか         4．誰が評価するか
            物理的環境）     5．評価の基準   6．評価の方法     ・自己評価
                            ・絶対評価      ・テスト          ・他者評価
                            ・相対評価      ・質問紙、インタビュー ・相互評価
                            ・個人内評価    ・観察
                                           ・製作物、実演
```

図8−1　教育の評価を構成するもの

資料：谷口明子編『子どもたちの育ちを支える教育心理学入門』角川学芸出版　2007年　p.190を改変

に対して、「それはちょっと…」と教師が眉をひそめれば、子どもはその言葉を使わなくなることなどはこの例である。

(2) 教師の指導のため

　子どもの指導を行う以上、指導目標（教育目標）が立てられるのは当然である。教師はこの目標に照らして、子どもが何を、どこまでできるのかを明確に知ることで、適切な指導や計画を立てることができる。
　例えば、園で「鯉のぼり」を制作するという場合、子どもたちが鯉のぼりにどのように親しんでいるか、はさみやのり、クレヨンなどをどの程度扱えるかなどを事前に明らかにすることによって、準備から当日の導入・説明の仕方、支援の方法や程度などが違ってくるといえる。
　また、評価は、子どもについての理解を深めることにも大きな役割を果たすといえる。結果の正誤のみならず、課題をめぐるやり取りや取り組み方から、子どもの性格や生活経験をも評価できるといえよう。単にスキルとして何かができるということではなく、教育目標との兼ね合いで、教育の実現状況を総合的に捉えることが大切である。

(3) 教育の方向性を吟味するため

　評価をより広い視点から見ると、教育の方向性を吟味するという働きがある。教育とは、1つの価値の実現である。「かくあるべき」という教育の質を維持し、学校がその社会的責任を果たすためには、行われている教育が「子どもの学力や成長を保障する」適正なものかどうかをチェックする必要がある。よりよい教育的価値を実現するためには、調査や研究の一環として教育

評価を行うことも必要である。

　教育とは、子どもの認識や行動がより望ましく広がりのある方向に変化するよう、学習や経験の機会を与えることである。教育には何らかの価値観に基づく目標があり、それをふまえて子どもを見て、どのように学んでいるかをとらえる必要がある。教育と評価は切り離せない関係なのである。

2 ── 何に基づいて評価するか
　　　──測定（measurement）と査定（assessment）──

　教育の評価は、学習者についての何らかの情報に基づいて行われる解釈や価値づけの過程である。つまり、ある子どもが「泳ぎが得意か苦手か」を論じる評価は、その子がプールでどのように泳ぐのかをとらえたうえでなされるものである。

　測定の目的は、学習者の特性を一定の基準に基づいて数値であらわし、ある次元（ものさし）上に位置づけることにある。例えば運動会のかけっこで得た1等・2等という結果は、走るときのタイムに基づいて順位を割り当てたものである。このように測定は、量的・客観的なデータの収集を目的としている。

　これに対して査定は、ある基準を満たしているか否かというように、より広い意味で個人の特性を位置づける。子どもの発達に大きな遅れがないかどうか、できなくて困っていることは何かということを、子どもの年齢に応じた言葉や行動面の発達基準に照らして見極めることが、その例である。査定は、教育指導での対応を考えるために、事前に必要な資料を収集する目的で行われる場合が多い。

　測定や査定で問われるのは、次項で詳しく述べる信頼性と妥当性である。例えば標準学力テストでは、全ての回答者に対して同一の意味内容をもつだけでなく、誰が採点しても同一の結果になるような信頼性の高い問題を作成することが求められる。こうした客観式テストは評価方法として公平である反面、文字や数値でとらえやすい側面だけが評価の対象とされ、「音楽で感情豊かに表現する」「批判的にものごとを考える」といった評定の難しい側面が見落とされがちになる。評価の観点や基準の選択はそもそも主観に基づく活動であり、主観を排するよりも自らの観点を十分自覚して評価に臨むことが、学習者の学びの過程に基づく豊かな評価を生み出すきっかけになるという指摘もある。

3 ── 評価の信頼性・妥当性

　測定や査定の適切さを示す基準が、信頼性と妥当性である。両者の関係については、ダーツの例えがよく用いられる。信頼性も妥当性も高い場合は、矢を何回投げても、目標とする円の中心に当たっている。これに対して信頼性も妥当性も低い場合には、投げるたびに矢の当たる位置が変わってしまう。信頼性が高くて妥当性が低い場合は、矢は同じ場所に当たるものの、常に的から外れたある位置となる。

　つまり信頼性とは、学びの成果を測るものさしが、測るごとに伸びたり縮んだりしないという意味での正確さである。例えば、実力が変わらなければ、同じテストを何回受けても同じ結果が出るといった、測定結果の安定性を意味している。一方、信頼性が低い場合には、実力が同じであっても、テストを受けるたびに得られる結果が違っていたり、評価者が変わると結果が大きく異なるという事態が生じてしまい、テストとしての実用性に乏しいものになる。

　妥当性とは、本来とらえようとしていたものを、正しく測ることができたかどうかを示す概念である。妥当性が低い場合には、結局、目的とは異なるものを測っていることになるので、得られた結果の意味を解釈することが難しくなる。例えば、勉強や部活などさまざまな活動に対する「意欲」について質問した場合、子どもは大人の顔色をうかがって、どの活動に対しても「とてもやる気がある」と意欲を高めに見積もって答えている場合がその例である。

　評価の客観的信頼性の追及は重要である。しかし、例えば幼児期において、体操選手を目指すような厳しい運動訓練や、専門家による何時間ものピアノレッスンを通して高度で専門的な技能を高めることは、真の意味で「たくましい子ども」や「感性豊かな子ども」を育てることになるのか否か考えてみて欲しい。無論、それらがもたらす結果は学習する人や状況によっても異なるであろうが、安易な点数主義・成果主義に陥らないためには、評価の教育的妥当性を第一に追及する姿勢が求められる（梶田、1983）。

第2節 ● どのように評価するか

1 ── 評価を構成するもの

　では実際に、どのように評価を行うのだろうか。図8−1に示したとおり、評価の観点は実にさまざまであり、かつ相互にかかわっている。ここでは2番目の「いつ評価するか」という問題を通して、評価について考えてみたい。これは単なる時期の問題のみならず、以下のとおり評価の目的や内容とも深くかかわっている。

(1)　診断的評価

　診断的評価は、活動を始める前の評価であり、子どもたちがどのくらいのことができるのか、どんなことを知っているのかなどを把握する目的で行われる。保育ではクラスや指導計画を作成する際に、「この時期の子どもの姿」をとらえることは、診断的評価であるといえる。保育の展開を考えるうえでは、クラスを構成している個々の子どもの性格や発達を見極めることが重要である。

(2)　形成的評価

　形成的評価は、活動の途中の段階で行う評価である。例えば、小学校で行う中間テストや小テストは、教師が子どもの学習状況を把握し、その後の進め方を判断する手がかりにするために行われている。保育場面では、子どもが保育者に活動を認められ、あるいは注意されることによって、子ども自身が行動の方向性を見出していく。保育者の側もまた、自分のかかわりが子どもにどう受け止められたかを、子どもの姿から常にとらえようとしている。言葉による説明だけでは伝わらない子どもがいたら、側に行って実際にやってみせるなどのフィードバックを行うことはその例である。

(3)　総括的評価

　総括的評価は、学習の最後の段階で行う総合的な評価である。子どもたちはどのように目指すところを実現したかをとらえることができるし、教師にとっては、自分自身の指導がどのようなものであったかを最終的に明らかにできる。従来の評価は、この締めくくりの総括的評価をさすことが多かった。

しかし、総括的評価は、その結果を次の指導計画にどう生かすかということに結びつくことから、あらゆる評価は形成的であるとの考え方もある（梶田、1995）。

このように、どの時点の評価も子どもと教師の両者にとって重要である。3つの評価が教育にうまく生かされてこそ、学びの過程が充実したものになるといえよう。

2 ── さまざまな評価技法とその特徴

(1) 評価の技法

子どもの学びの実態をとらえるためには、評価の目的にふさわしい技法を選ぶ必要がある。以下で主要な評価の技法に焦点を当て、それぞれの特徴を考えてみよう。

①テストに基づく評価

伝統的な能力測定の方法である。教師が作成するものと、標準化されたものとがある。後者には発達検査・知能検査などがあり、あらかじめ広範囲の子どもに予備的に実施して得られた得点分布に基づいて配点基準が作られている。基本的には誰がいつ採点しても同じ結果が得られるような作成手続きがとられており、客観的テストと呼ばれることもある。特定の知識の有無を問うことに優れているが、思考力や判断力など高次の総合的な能力を測定しにくい側面があるといわれることもある。

②質問紙やインタビューに基づく評価

あらかじめ作成された質問や内容に基づく方法である。教師が教育目標に応じて質問を設定するという点はテスト法と同じであるといえるが、必ずしも回答に正誤があるわけではなく、子ども自身が自由に内容を選択できる。そのため、学習のプロセスや意欲を評価の対象とすることができるが、言語を介しての報告となることから、回答者の内省[※1]能力や主観によって結果が左右される場合があり、妥当性・信頼性に注意する必要がある。

③観察に基づく評価

日常的、あるいは組織的に子どもがさまざまな活動に取り組んでいる際に示す言葉や行動を観察する方法である。組織的観察では、教育の目的をふまえて教師があらかじめ考えた基準やチェックリストに基づいて評価する。子どもの興味・関心のありようなど、テストの結果だけではわからない情報が得られるが、信頼性の面では注意が必要な場合もある。

※1 内省
自分の体験を自分で観察し、報告することを内省という。自分を観察する力、それをまとめる力、言葉を駆使する力（語彙力・表現力）などが求められるため、言語発達が未熟な幼児の場合には、実施が困難なこともある。

④制作物や実演に基づく評価

　制作された作品や、歌や踊りなどの実演を評価する方法である。近年、実生活にも通じる能力を評価すべきとの観点から、「真価評価（authentic assessment）」と呼ばれる技法が注目されており、パフォーマンス評価やポートフォリオ評価などがある。パフォーマンス評価は、理科の仮説実験授業のように、学習者に特定の活動（パフォーマンス）を求め、その取り組みから問題解決プロセスをとらえようとする。またポートフォリオ評価は、子どもたちの学びの過程を記録し、子どもたちの作品とともにファイル等に綴じていくことで、それを学習の振り返りやのちの学習に生かしていこうとするものである。高学年になると、子ども自身がポートフォリオを作成し、それを教師や親、友だちに見せることで、自らの学びの過程や意味を再認識したり発展させたりする。これらの評価は子どもの自己評価能力や学習意欲を高めるのみならず、教師にとっても子どもの学習スタイルや興味関心に気づき、子どもと教師が共同で評価を展開させていくきっかけとなる。真価評価は保育場面で多用される。

(2)　評価の特徴

①評価の基準　－相対評価と絶対評価、個人内評価

　評価の基準には、大きく分けて他者と比べる評価と比べない評価がある。前者の代表は相対評価であり、テストの結果や作品の出来などを他の子どもの成果と比較し、順序をつけるなどして評価を行うことから、集団準拠評価とも呼ばれる。主に平均からの隔たり具合によって評価されるため、もともと平均レベルが高い群と低い群では、同じ順位（評定）でも成果の内容に違いがある場合もあり、注意が必要である。また、評価が高い人が多くても全員が等しく高い評価を得ることができないため、努力が反映されにくいという短所もある。

　他者と比べない評価を、絶対評価という。そのなかでも、設定した教育目標に個々の子どもがどの程度到達しているかという観点から評価を行うこの評価は、目標準拠評価（到達度評価）とも呼ばれる。この評価では、評価基準をあらかじめ明確にすることが大切である。例えば、3歳児クラスで絞り染めの活動を行う場合には、普段の子どもたちの姿に基づいて、「布を自分で絞って色水につける」「色が布に染み込んでいく様子を楽しむ」などの必要最小限の目標と、「お友だちの作品に興味を持つ」といったより難しい目標とを組み合わせて設定することができるだろう。到達目標は評価者が設定するため、主観的な観点に偏り過ぎないよう注意する必要がある。

さらに、同一個人内で比較を行う個人内評価もある。横断的個人内評価は、Aちゃんは歌うよりも制作のほうが得意であるなど、同一個人の得意・不得意を評価する方法である。縦断的個人内評価は、時間軸に沿って同一個人の過去と現在の姿を比べ、その変化を評価するものである。保育場面でよく耳にする「あらCちゃん、1人でボタンを留められるようになったのね！」といった保育者の言葉はその1つの例である。評価の基準や領域は絶対的であるとは限らず、むしろ個に応じてなされるという特徴があり、得意な面をさらに伸ばして不得意な面をもカバーしていけるよう配慮する必要がある。発達面の進度がゆっくりな子どもに対しては、この種の評価が大きな意味をもつ。

②評価と意欲

　評価の結果を学習者にフィードバックすることは、学習意欲に大きな影響を与える。例えば、努力して勉強しても国語のテストが20点だったとしたら、もう勉強したくないと思うかもしれない。何をやっても悪い評価ばかりが与えられれば、学習性無力感に陥るかもしれない。人によっては評価される緊張や不安のあまり、身体面での不調を訴える場合もある。いわゆるテスト不安である。評価さえなければ、もっとのびのびと楽しく学べるのにと思う人がいるかもしれない。しかし、社会の仕組みや仕事に必要とされる知識・スキルが複雑になった現代において、またゲームやマンガなど手軽な楽しみにすぐ手が届く環境で、子ども自らが学ぶべき課題を選び取り、1人で学習を進めていくことは容易ではない。

　評価のなかでは相対評価よりも到達度評価のほうが、学ぶ意欲を高めるのではないかという意見がある。例えば、バトラー（1988）は、小学校6年生の子どもに考えられる限りたくさんの言葉を書き出す課題を実施し、相対評価をつけて返す群と、良いところ・悪いところをコメントする群の間で、その後に行った課題成績を比較した。その結果、特に成績の思わしくない子どもでは、コメント群では成績が向上しているのに対して、相対評価をフィードバックされた群では変化が見られなかったという。到達度評価はどんな点が不十分かを把握することを助けるため、自分1人ではそうした側面に気づきにくい子どもの学習意欲を高める可能性があるといえる。しかし、到達度評価も目標到達度の基準が低すぎれば評価の意味がないし、逆に高い目標ばかりを意識しすぎると、生活にゆとりや深みがなくなることもある。相対評価も、一概に「よくない」と結論づけることはできない。なぜなら、社会に出れば必ず入学試験や就職試験といった選抜の機会に出会うし、場合によっては程よい競争原理がよりよい成果を生み出すこともあるからである。した

がって、それぞれの評価がもつメリット・デメリットを考慮し、教育的に意味のある活動や効果を生み出すような評価をバランスよく行うことが求められる。

③評価のバイアス

私たちは知らず知らずのうちに、偏った評価をしていることがある。したがって、以下に挙げるようなバイアス[※2]の存在を意識し、評価に際しては適切な評価を行うべく努力する必要がある。

※2 バイアス
偏見、先入観、偏り、ひずみのことをいう。

- ハロー効果（光背効果）

  相手が好ましい特徴をもっていると、その特徴以外の面についても実際よりも高く評価してしまう効果をいう。

  例）授業態度のよい子どもに対して、普段の生活全般にわたってきちんとしているというイメージを持つ。

- 寛容効果（寛大効果）

  教師が好ましく感じている子どもに対して、実際よりも甘く評価をしてしまう効果をいう。

  例）よくない行動をしていても、好意的に解釈してしまう。

- 中心化傾向

  極端な評価を避け、中庸な評価をする傾向をいう。

  例）自分の性格について評定するときに、どんな項目でも「ふつう」に丸をつける。

- ピグマリオン効果

  相手の行動に対して抱く期待が、相手に何らかの影響を与える効果をいう。

  例）「Aさんは勉強熱心」と考えていると、実際にAさんは熱心に勉強するようになる。

- 天井効果

  簡単すぎる課題ばかりで構成されている場合、その集団の誰もが満点に近い同じ評価になる場合をいう。この効果と全く逆の場合を床効果という。

  例）「1桁の計算をする」という課題を課した場合、簡単すぎて全員が100点をとってしまったり（天井効果）、逆に難しすぎて全員の得点が悪くなるなど（床効果）、個人間の比較ができなくなる。

第3節 ● 保育における評価

1 ── 保育における評価の特徴

　子どもたちは保育所や幼稚園で、遊びや生活を通してさまざまなことを学んでいる。しかし、通常、子どもがそこで何をどのくらい学んだかを評定するテストや成績表はない。保育の評価は、どのようになされるのだろうか。保育場面の事例を見ながら、考えてみよう。

> 　制作コーナーにいたＡ児が広告紙で巻いた棒の先に紙テープをつけ、目に付いた素材を使って自分なりに黙々と作っていた。出来上がると保育者の顔の前で回して見せた。輪を描いて紙テープを回すうちに、Ａ児が得意そうな表情になったので、保育者は「わあ、それいいなあ。先生にも教えてほしいな」と声をかけた。「教えて」と言われたＡ児は最初戸惑っているようであったが、保育者がはさみを手にするのを見ると、「先生はピンクよ」「ここに付けるんだよ」と言って作り方を教えはじめた。保育者がＡ児と同じ物を持ち、同じように動かしてみることで楽しい雰囲気が生まれた。その楽しさに惹かれ、他の子どもたちもＡ児と保育者のそばに集まってきた。数名の子どもが同じような物を持ち、場を共にして遊び始めた。その中で「Ａ君と先生、一緒よね」とＡ児が満足そうにつぶやいた。
> 　（下線部分：保育者の指導と考えられる部分）　　（愛媛大学教育学部附属幼稚園）

資料：中島紀子・横松友義編『保育指導法の研究』ミネルヴァ書房　2005年　p.25

　下線部のように、保育者はＡ児の動きを受けて言葉をかけるのみならず、率先して同じものを持ち、同じ動きをして楽しむなど、身体・情緒レベルでもＡ児の遊びを支持するかかわりを行っている（上田・坂田、2007）。保育者のきめ細かなかかわりの背景には、子どもたちに対する保育者なりの理解があると思われる。例えば保育者が、Ａ児が黙々と制作を始めた時点では見守り、出来上がって得意そうな表情で保育者に見せたときに初めて「わあ、それいいなぁ」と声をかけたのはなぜだろう。例えばＡ児は普段からおとなしい方で、自分から遊びを始めたり人に声をかけることが少ないため、Ａ児から主体的にかかわってほしいと考えたのかもしれない。こうしたＡ児に対する理解は、子どもに対する評価の１つである。さらに、Ａ児と同じものを作って動かして見せたのは、Ａ児が保育者と遊びを楽しむことができれば、それだけでなく周りの子どももＡ児と一緒に場を楽しむことができると考えたためかもしれない。もしそうだとすれば、保育者の働きかけは、その場で生じた子どもたちの活動を評価した結果ととらえることができる。

このように、保育の評価は「開かれたもの」である。すなわち、目の前で展開する個や活動のありかたに応じて、日常生活に埋め込まれてダイナミックに展開し、その後の活動の流れに直接的に反映される。また、子どもの興味・関心や意欲を第一に尊重し、新たな知識や行動の獲得はあくまで1つの帰結に過ぎないと考える。保育では、「計画」どおりに進めることよりも、子どもひとりひとりの思いや育ちが保障され、子どもと保育者がともに主体的に作り出す遊びや生活の全体が豊かになるよう、環境を「デザイン」することが重視される（戸田、2004）。バーンステインはこうした保育がもつ特徴を、「見えない教育方法」と呼ぶ。しかし、保育者の教育的意図は子どもにとっては「見えない」が、保育者自身には「見える」ものでなければならない。それを実現する評価のありかたについて、考えてみることにしよう。

2 ── 保育の評価をとらえる視点

保育における評価は、①子どもに対する評価、②保育者の保育実践に対する評価、③保育環境に対する評価、という3つの観点からとらえることができる。以下で、各々の内容について考えてみよう。

(1) 子どもに対する評価

保育者は個々の子どもの表情や行動、言葉から、その子が何をしたいのか、何を伝えたいのか、どんな性格かなど、常に子どもの姿を読み取りつつかかわっている。すなわち評価といっても必ずしも良し悪しの評定ばかりではなく、「子どもがなぜ、その言動を行ったのか」の理解を含むため、「子ども理解」といわれることも多い（深田、2004）。子ども理解とは、子どもが生きる固有の体験世界を、子どもの内側の視点に立ってとらえようとするものである。つまり、知的な理解にとどまらない、子どもの心情や意図といった内面世界への情緒的共感を伴う理解といえる。それだけに、単なる感情的なレッテル貼りにならないよう、評価には注意が必要である。

(2) 保育実践に対する評価

保育者の対応が適切だったかどうかを検討するのが、保育実践に対する評価である。保育実践において、保育者と子どもは時々刻々と生じる思い、行動のなかで、互いに影響を与え合いながらかかわっている。だからこそ、子どもの姿や実践の意味をよりよく理解するために、一歩引いた目で保育者が自らの経験を振り返る機会が必要となる。こうした保育実践を見つめなおす

作業を、津守（1987）は「省察における理解」と呼ぶ。この点については、次の項目で詳しく見ていきたい。

（3）保育環境に対する評価

保育では保育者と子どもという二者のかかわりのみならず、それらを取り巻く環境という幅広い視点から評価することが求められる。幼児教育の基本は「幼児期の特性をふまえ、環境を通して行うもの」（幼稚園教育要領、第1章総則[※3]）とされるように、園では保育者のかかわりだけでなく、遊具の種類やその配置の仕方にも教育的意図が込められている。保育で環境構成を考える場合、その環境が子どもにどんな考えや発見をもたらしているか、子どもと仲間、保育者との関係をどう映し出し、また映し出されているか、どんな子どもの身体の動きや移動を生じさせているかなどの点に注目することが大切である。

これら3つの観点については、「どんな内容が評価に値するか」といった具体的な基準を設定するのは簡単ではない。なぜなら、子どもの発達段階（認知的・身体的・社会情緒的）や個性（成長パタン、パーソナリティ、学習スタイル）、文化的要因（家庭背景、民族）など、個人の多様な背景を考慮する必要があるからである。しかし、「保育」という言葉が示すとおり、幼い子どもの命や生活を「保護」するために必要な最低限の質を保障する評価の基準と、子どものよりよい発達を促すうえでの「教育」的意味合いの強い評価の基準とがある。そうした評価基準の具体例について、次の項目で紹介する。

※3　幼稚園教育要領
1998（平成10）年に改訂されたものに基づく。

3 —— 保育における評価の方法

（1）記録の役割

保育実践に欠かせないのが、毎日の記録である。保育記録には写真やビデオ録画、テープ録音などさまざまなスタイルがあるが、最も一般的なのは保育日誌を書くことであろう。体験を文字化することは、子どもの実態を筋道立てて把握するだけでなく、その姿について考えを深め、長く記憶にとどめる働きをもつ。気になった出来事の意味が、そのときにはわからなくても、後になって理解できるようになることがある。さらに、書くことは保育をよく見ようとすることのみならず、記録を介して保護者や同僚と共通理解を図るきっかけにもなる。

保育に役立つ記録を取るためには、①抽象的・概念的なことばは避け具体的に書く、②活動の羅列や、子どもの行動の結果だけの記述になることを避

ける、③視点を定めて書く、④子どもの行為の意味を掘り下げて考える、といったいくつかの工夫が必要である（今井、1999）。特に④の、子どもにとっての活動の意味をとらえようとするまなざしが重要であり、①から③までの記録の工夫はこのためにあるといっても過言ではない。どんな活動をしていたか、何ができ、何ができなかったといった単なる活動報告ではなく、その子がなぜその行動をとったのか、あるいはその活動を通して何をなしえていたのかを見取り、それに応じて保育者がどう行動していたかをとらえる視点が必要なのである。すなわち、幼稚園教育要領や保育所保育指針で「反省と評価」とされる、「省察」とも呼ばれる保育の中核概念であらわされる活動が必要なのである。

(2) 省察の意義

　保育において省察が不可欠なのは、なぜだろうか。保育のさなかは「子どもの中に入り込み切って、心に一寸の隙間も残らない。ただ一心不乱」（倉橋、1976）であり、子どもとかかわる保育者双方の思いや行動がどのように生じてきたのかを、客観的にとらえることは難しい。なぜなら、かかわりのなかで、保育者と子どもは絶えず主観を通して互いの思いや行動を読み取り、相互に主観を通して影響を与え合っているからである。このことが、互いに相手の立場から見てとらえ応じるという、共感に支えられた深い対人関係を可能にしている。だからこそ保育者は実践を振り返り、見つめなおす必要があるのである。1日の保育を終えて、なぜあのとき自分は子どもにあの言葉をかけたのか、子どもはそれをどう受けとめたのか、他に取りうる対応はあったかなど、その日の出来事の意味を問い直す。保育中には気づかなかった幅広い視点から、子どもや自らのありようを理解できるようになるからである。

　省察のあり方は、保育の質を左右する。吉村ら（1998）は、保育者が保育後の省察のなかで、①保育の実践場面における問題の原因を保育後の省察において追究し、②問題に関連のある事柄を集積・整理し、③見出した原因の仮定をもとに実践構想を導き出していることを示した。教育実践は「plan→do→see」というプロセスの繰り返しといわれるが、省察(see)とデザイン(plan)を不可分なものとみなすことこそが、教育の質の向上に決定的な役割を果たすのである。

(3) 評価尺度の活用法

　評定尺度を用いることも、省察を深めるきっかけとなる。保育の質をいかに評定するかは難しい問題であるが、近年ではさまざまな尺度が開発されつ

表8-1　保育環境評価尺度の7領域

空間と家具	
1. 室内空間	21. 音楽／リズム
2. 日常のケア、遊び、学びのための家具	22. 積み木
3. くつろぎと安らぎのための家具	23. 砂／水
4. 遊びのための室内構成	24. ごっこ遊び
5. プライバシーのための空間	25. 自然／化学
6. 子どもに関係する展示	26. 算数／数
7. 粗大運動（体を動かす）遊びのための空間	27. テレビ・ビデオ・コンピュータ
8. 粗大運動のための設備・備品	28. 多様性の受容

個人的な日常のケア
9. 登園／降園
10. 食事／間食
11. 午睡／休息
12. 排泄／おむつ交換
13. 保健
14. 安全

言語－推理
15. 本と絵・写真
16. コミュニケーション
17. 推理スキル発達のための言語使用
18. ふだんの会話

活動
19. 微細運動（手や指を使う）
20. 造形

相互関係
29. 粗大運動の見守り
30. 全体の見守り（粗大運動を除く）
31. しつけ
32. 保育者と子どものやりとり
33. 子どもどうしのやりとり

保育課程
34. 日課
35. 自由遊び
36. 集団活動
37. 障害をもつ子どもへの配慮

保護者と保育者
38. 保護者との連携
39. 保育者の個人的ニーズへの対応
40. 保育者の仕事環境
41. 保育者間の意思疎通と協力
42. 保育者のスーパービジョンと評価
43. 保育者の研修機会

資料：ハームス，T.・クリフォード，R.M.・クレア，D.（埋橋玲子訳）『保育環境評価スケール①幼児版』法律文化社　2004年を一部改変

つある。例えば幼児期環境評定尺度（ECERS-R）では、表8-1のような7領域の保育の質を、具体的な項目に基づいて7段階（1：不十分、3：最低限、5：良い、7：優秀）で評定する。こうした保育の評価が主観に偏ることがなく信頼できるものであるためには、評価の項目内容がより具体的で特定の現実場面をイメージしやすいものであることが重要である。

4 ── ともに開く評価の扉　─新たな評価観─

　保育をより深く広がりのあるものにするためには、保育者による自己評価

だけでなく、他者とのかかわりを通して展開していく評価もまた重要である。保育実践の報告に基づく保育カンファレンスや、公開保育への参加、第三者評価など、他者評価にはさまざまな形がある。そうした機会をきっかけとして、自分に特有の子ども観や保育観に気づき、暗黙のうちに当然視してきた実践方法を見直すことも少なくない。たとえば保育カンファレンスは、保育者が自らの実践で気になっているケースや保育上の課題について報告し、参加者間で話し合うというスタイルを取ることが多い。話し合いでは「正解」を求めず、率直に意見を出し合い、報告者と参加者の双方が支え合って成長することを目指すべきだという（森上、1996）。ビデオに録画した実際の保育場面の記録をもとに検討を行うこともあり、あくまで現実の一場面を切り取ったものという認識が必要だが、保育についての読み取りかたを具体的に比較できるという利点がある。

　日本の保育評価のありかたについては、子どもの学びが人間関係に偏りがちであり、保育について保護者や社会に対して広く説明責任（アカウンタビリティ）を果たす機能が弱いという指摘がある（深田、2004）。いったい誰の、何のための評価なのだろうか。秋田（2005）は、ケアと学びのコミュニティをつくるためには「応答的な評価」（リスポンシビリティ）が必要だという。教師の専門性だけでなく同僚性をも育てる評価、子どもや保護者との協同行為として各々に還っていく評価であり、鑑識眼（appreciation）ともあらわされる働きである。例えばイタリアのレッジョ・エミリア市で行われている乳幼児の教育実践は、子どもたちの活動を記録・編集し、時としてパネル等で展示するといったドキュメンテーション（documentation）という評価を通して、保育について他者とオープンに語り合い（dialogue）、そこから次の活動のデザイン（design）が生まれることから、これら「3つのD」を重要視する。こうした評価のプロセスをいかにとらえるかという問題はあるものの、教育を発展させる新たな評価のあり方を常に問い続ける必要がある。

● 「第8章」学びの確認
①教育の評価はどんな目的で行われるのか、観点を整理してみよう。
②保育における評価の特徴について、まとめてみよう。
● 発展的な学びへ
①あなた自身はこれまでどんな評価を受け、どんな評価を重視してきただろうか。現在の興味関心や学ぶ意欲とのかかわりについて、考えてみよう。
②子どもに対して標準発達検査を行う意義を、保護者にどのように伝えれば良いか。考えてみよう。

引用・参考文献

1）秋田喜代美「保育における「評価」を考える（Ⅰ）：応え、つなぎ、生かすデザイン」幼児教育未来研究会（未公刊資料）　2005年
2）バーンスティン（萩原元昭 編訳）『教育伝達の社会学』明治図書出版　1985年
3）小田豊・青井倫子編『幼児教育の方法』北大路書房　2004年
4）今井和子『保育に生かす記録の書き方』ひとなる書房　1999年
5）梶田叡一『教育評価－学びと育ちの確かめ－』放送大学教育振興会　1995年
6）梶田叡一『教育評価』有斐閣双書　1983年
7）古賀松香「幼児期に求められる保育の質」無籐隆・無籐研究室『幼稚園の意義』平成11年度全日本市立幼稚園連合委託研究　1999年
8）倉橋惣三『育ての心（上）』フレーベル館　1976年
9）戸田雅美『保育をデザインする』フレーベル館　2004年
10）森上史朗「カンファレンスによって保育をひらく」『発達』68号　ミネルヴァ書房　1996年
11）海保博之監・鹿毛雅治編『教育心理学』朝倉書店　2006年
12）吉村香・吉岡晶子・尾形節子・上坂元絵里・田代和美「保育者の実態把握における実践構想プロセスの質的検討」乳幼児教育研究、第7号　1998年
13）中島紀子・横松友義編『保育指導法の研究』ミネルヴァ書房　2007年
14）ハームス，T.・クリフォード，R. M.・クレア，D. 編著（埋橋玲子訳）『保育環境評価スケール①幼児版』2004年

●○● コラム ●○●

実習生による研究保育

　保育についての自己評価と他者評価は本来、別ものではない。幼稚園実習のカンファレンスで、保育の自己評価と他者評価を組み合わせた興味深い取り組みがある。幼稚園実習の最後の時期に行う責任実習（一日実習）の様子を、担任教師のみならず、他の実習生や大学教員が観察し、保育終了後にカンファレンスを行うというものである。見学者はあらかじめ、実習を担当する学生が作成した指導案（日案・細案）に目を通しておくことが求められる。保育終了後の協議会では、各クラスの見学者ごとに分かれて、その日の保育について振り返って議論をする。一斉場面の協議に関して具体的な手続きを述べると、まず保育終了後に、担当の学生と見学者の学生たちの双方でその日の実践についてコメントを作成し、担当教師と大学教員に提出する。その後の協議会では、担当教師や大学教員は努めて進行役に徹する。学生の担当者・見学者のコメントを引き合いに出したり、最後にひとこと述べる程度で、学生たちが子どもの姿や実習生の姿について自由に意見を出し合い、自ら保育について理解を深めていく姿勢を尊重する。こうした話し合いのなかで、担当者の側は実習中には気づかなかった自分の保育のあり方とその意味に気づき、見学者の側は実習の様子だけではわからなかった担当者の意図に気づき、ねらいを実現するためにどんなかかわりが必要だったのか、現実の子どもの姿に即してさまざまな視点から見つめ直そうとする。この園では普段から、幼稚園実習自体を通年（隔週で1回ずつのペース）で受け入れており、さらに毎回の実習後に、各クラスに配属された学生たちと担任教師で保育カンファレンスを行っている。保育の同僚性をベースにした取り組みの積み重ねが、こうした複合的な評価を可能にしているといえよう。

（写真・資料　宝仙学園幼稚園）

第9章 発達障害のある子どもの教育・保育

◆キーポイント◆

2002（平成14）年10月22日、文部科学省により、全国5地域の公立小学校と中学校の通常学級に通う児童・生徒4万1,579人を対象に、「知的な障害がないにもかかわらず、学習面や行動面に著しい困難を示す児童・生徒」がどの程度存在するのか、調査が行われた。その結果、6.3％という数字が報告された。これは、従来、ごく少数の特別な子どもたちの問題と考えられてきた発達障害の問題が、近年では、教育・保育の関係者なら誰もが出会う問題となってきたことを示している。したがって、これからの保育者には発達障害児への対応の力量も求められる。

そこで、本章では、幼稚園・保育所に通う発達障害のある子どもの理解を図るために、主な障害と子どもの発達支援について概説していく。さらに、発達支援と不可分な家族支援についても触れ、障害児とその家族を支える保育者の役割を理解していくことをねらいとする。

第1節 ● 発達障害のある子どもとその特徴

1 ── 発達障害とは

発達障害（Developmental Disabilities または Developmental Disorders）の定義は、医学や心理学の分野でさまざまな見解があり、明確に定まっていない。わが国では、2005（平成17）年4月から施行されている発達障害者支援法において、「自閉症、アスペルガー障害その他の広汎性発達障害、学習障害、注意欠陥／多動性障害その他これに類する脳機能の障害であってその症状が通常低年齢において発現するものとして政令で定めるもの」とされている。一方医学の分野では、2つの国際的な診断基準が広く用いられている。アメリカの精神医学会のDSM－Ⅳ[※1]と世界保健機関（WHO）の診断基準であるICD－10[※2]である。そのうちのDSM－Ⅳの分類を表9－1に示した。これらの障害分類のうち本章では、幼稚園や保育所で多く出会うであろう「精神遅滞」「広汎性発達障害」「注意欠陥／多動性障害」について触れていく。

※1 DSM－Ⅳ
Diagnostic and Statistical Manual of Mental Disorders, 4th Ed. アメリカ精神医学会の診断基準「精神疾患の診断統計マニュアル」

※2 ICD－10
International Statistical Classification of Diseases and Related Health Problems 「疾病及び関連保健問題の国際統計分類」

表9-1　DSM-Ⅳによる発達障害の分類

```
1．精神遅滞（Mental Retardation）
2．広汎性発達障害（Pervasive Developmental Disorders）
3．学習障害（Learning Disorders）
4．運動能力障害（Moter Skills Disorder）
5．コミュニケーション障害（Communication Disorders）
6．注意欠陥／多動性障害（Attention-Deficit/Hyperactivity Disorder）
```

（一部改変）

2 ── 精神遅滞（知的障害）

(1) 精神遅滞とは

　精神遅滞（Mental Retardation）の、基本的な症状は、知的な能力の障害である。発達の遅れが、運動、基本的習慣、言葉、理解、人とのかかわり、遊びなど全領域にみられる状態をさす。わが国ではかつて「精神薄弱」という用語が用いられていたが、1999（平成11）年4月から法律によって「知的障害」に改められた。保育の場では「知的障害」という表現が一般的であるが、医学や心理学領域では「精神遅滞」という用語が用いられる。

　精神遅滞の定義は、わが国の知的障害児教育・福祉に大きな影響を与えたアメリカ精神遅滞学会（American Association on Mental Retardation；AAMR, 1983；現在のアメリカ知的・発達障害学会、American Association on Intellectual and Developmental Diabilities；AAIDD）のものがよく用いられており、そこでは以下の3項目で定義されている[1]。

①平均以下の知的機能（およそIQ70以下）であること。
②適応行動の障害があること。
③発達期（18歳未満）にあらわれること。

　この定義のポイントは、上記の3要件が同時に存在することとされている。つまり「精神遅滞」と診断するためには、知的機能が平均以下であるというだけでは不十分であり、適応行動の障害とともに、これらが18歳以前に現れなければならない。

　医学領域で用いられているDSM-ⅣやWHOのICD-10「精神行動の障害」においても、ほぼ同様に定義されている。

(2) 精神遅滞の原因

　精神遅滞の原因はさまざまである。大きく分けると、表9-2に示した病理的原因によるものと生理的原因によるものに整理される。病理的原因については表9-2を詳しく見ることとし、ここでは生理的原因について述べる。

一般集団のIQは、経験的に正規分布することが知られている。生理的原因による精神遅滞は、この分布の偏りとして、低い側の知的能力をもって生まれてきたものである。その発生メカニズムからも、家族性に出現する可能性が高く、精神遅滞全体に占める割合も高いといわれており、身体的症状も認められない場合が多い。

表9－2　精神遅滞の原因

1	胎生期の原因
	A　染色体異常（21トリソミー〔ダウン症候群〕、脆弱X症候群、ターナー症候群、クラインフェルター症候群など）
	B　症候群疾患（デュシャンヌ型筋ジストロフィー、プラダー・ウィリー症候群など）
	C　先天性代謝異常症（フェニルケトン尿症〔PKU〕、ガラクトース血症など）
	D　脳形成の発達障害（無脳症、二分脊椎、水頭症など）
	E　環境の影響（母親の栄養失調、胎児性アルコール症候群、真性糖尿病、妊娠中の放射線照射など）
2	周産期の原因
	A　子宮内の異常（母性貧血、早期分娩、胎位の異常、臍帯異常、多胎性妊娠など）
	B　新生児期の障害（頭蓋内出血、新生児期痙攣、呼吸の障害、髄膜炎、脳炎、出産時の頭部外傷など）
3	出生後の原因
	A　頭部損傷（大脳震盪、大脳挫傷あるいは大脳裂傷など）
	B　感染症（脳炎、髄膜炎、マラリア、麻疹、風疹など）
	C　脱髄性疾患（感染後疾患、免疫後疾患など）
	D　変性疾患（レット症候群、ハンチントン病〔若年型〕など）
	E　発作性障害（点頭てんかん、レノックス・ガストー症候群など）
	F　中毒性代謝障害（ライ症候群、鉛や水銀の中毒など）
	G　栄養障害（プロテインカロリー〔PCM〕など）
	H　環境剥奪（心理社会的不利益、幼児虐待とネグレクト、慢性的な社会／感覚遮断）
	I　関係不全症候群

(Luckasson, 1992　pp.81-91より翻訳・要約)

(3)　分類

①発生原因による分類

上述した、病理的原因による精神遅滞を病理群、生理的原因によるそれを生理群と分類する場合がある。この分類は、実際に精神遅滞の子どもを指導する段階でさまざまな示唆が得られる場合も多く、有効な分類となりうる。

②知能指数による分類

表9－3　DSM－Ⅳによる精神遅滞の区分

軽度	IQレベル　50～55	から　およそ70
中度	IQレベル　35～40	から　50～55
重度	IQレベル　20～25	から　35～40
最重度	IQレベル　20～25	以下

アメリカのDSM－Ⅳでは、表9－3のように知能指数（IQ）の程度によって、軽度、中度、重度、最重度に分けられている。しかし、IQ水準だけで、軽度の人は中度の人に

比べて支援は少なくて済むとか、「生きにくさ」も軽いというように単純には割り切れないものがある。IQによる分類は1つの目安である。子どもの全体的な発達の状態を把握するには、IQ値のみに左右されることなく、行動特性なども含め総合的に判断しなければならない。

③支援（サポート）の程度による分類

AAMRによる分類では、従来用いられていた知能指数による分類（軽度、中度、重度、最重度）を廃止し、その人が必要としている支援（サポート）の程度で分類している（表9－4）。この分類は、環境や社会的サポートによって障害の状態が影響を受けるというとらえ方に立ち、指導や支援プログラムに結びつくような視点で行われている。したがって「この人は重度の知的障害者である」という言い方ではなく、「身辺処理やコミュニケーションにおいて長期的な支援を必要とする精神遅滞のある人」といった表現となる。

表9－4　支援の程度による精神遅滞の分類とその例

断続的	「要請に基づく支援」である。エピソードとして語られるような特徴をもっていて、通常は支援を必要としない人の場合や長い人生において短期間の支援（例：失業や急性疾患）が要請される場合である。断続的支援が行われる場合、その程度は強かったり、弱かったりする場合がある。
限定的	支援の程度が断続的なものではなく、時間は限定されるが常に必要であったり、少数のスタッフと低コストですむといった特徴をもつ支援である（例：期限が限定された職業訓練や成人期に達するまでの就学中に行われる過渡期的援助）。
長期的	少なくとも（職場あるいは家庭のような）同じ環境で定期的に（例：毎日）しかも期間が限定されない特徴をもつ支援である（例：長期にわたる支援や家庭生活における長期の支援）。
全般的	この支援は、すべての環境で提供される、生命を維持させるような、一貫性と強さを持つ支援である。全般的支援は、長期的支援あるいは期間が限定された支援より多くのスタッフが必要であり、強引な支援でもある。

（Luckasson, 1992より引用・翻訳）

3 ── 広汎性発達障害

広汎性発達障害（Pervasive Developmental Disorders）は、社会性の発達の遅れを中心とする発達障害の総称である。前項で述べた知的障害が全般的な遅れであるのに対して、広汎性発達障害は広い領域にわたる不均一な遅れを示す障害といえる。国際的な診断基準DSM－Ⅳにおいては、自閉性障害、レット障害、小児期崩壊性障害、アスペルガー障害、特定不能の広汎性発達

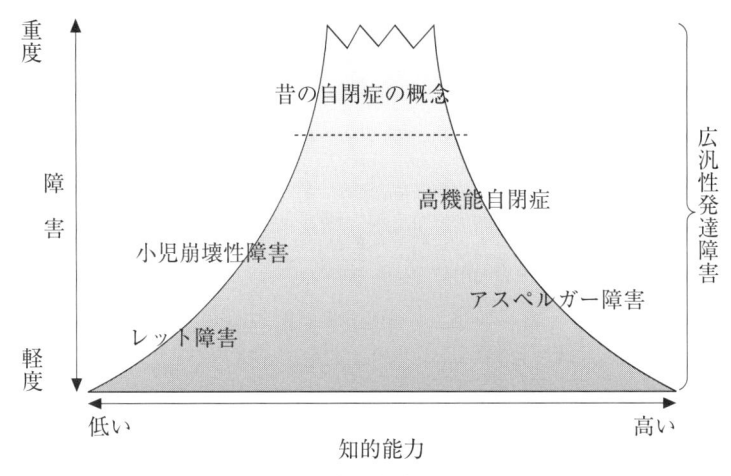

図9-1 現代の広汎性発達障害の概念

障害が下位概念として位置づけられている。その全体的な関係が富士山の裾野が広がった形で表現されたものを図9-1に示した[2]。横軸は知的能力の高低を、縦軸は人とのかかわりや情緒・情動の障害の重軽度をあらわしている。「昔の自閉症の概念」とは、カナータイプといわれる典型的な自閉症の子どもたちをさしている。最近では「自閉症」という用語自体が「昔の自閉症の概念」だけでなく、広汎性発達障害全体をさして広義に使われることが多くなってきている。このようなことから、近年は「自閉症スペクトラム」という用語も使用されるようになってきている。本節では広義の概念で「自閉症」という用語を用いることとする。

原因については、親の養育の失敗によって起こるものという心因論もかつてはあったが、臨床研究や科学的研究の結果、現在では先天的な脳の機能障害によるものと考えられている。決して、親の養育態度や生育環境によって生じた後天的な障害ではない。

有病率は、1960年代以来30年もの間、1万人に4～5人で、知的障害を伴わない自閉症すなわち高機能の自閉症はおよそその2割といわれていた。しかし近年では、①発見体制の整備、②診断能力の向上、③自閉症概念が拡大し広義の定義によるとらえ方が一般的になってきていることから、有病率は1万人に約100人（1997年、英国自閉症協会は有病率0.91％）との報告もなされるようになってきている。また、男女比については約4:1で男子に多く、人種、家庭の経済状況、親の学歴に関係なく出現するとされている[3]。

自閉症の特徴は①社会性の障害、②コミュニケーションの障害、③常同行動などの行動の障害の3つであり、その診断基準を表9-5に示した。各々の特徴のうち、主に幼児期に認められる行動特徴には次のようなものがあげ

表9-5　自閉症の概要（DSM-Ⅳ, 1994）

> A.（1）（2）（3）から合計6つ（またはそれ以上）、うち少なくとも（1）から2つ、（2）と（3）から1つずつの項目を含む。
> （1）対人相互反応における質的な障害で以下の少なくとも2つによって明らかになる：
> 　(a)目と目で見つめあう、顔の表情、体の姿勢、身振りなど、対人的相互反応を調節する多彩な非言語性行動の使用の著明な障害。
> 　(b)発達の水準に相応した仲間関係をつくることの失敗。
> 　(c)楽しみ、興味、成し遂げたものを他人と共有すること（例　興味のあるものを見せる、持ってくる、指さす）を自発的に求めることの欠如。
> 　(d)対人的または情緒的相互性の欠如。
> （2）以下のうち少なくとも1つによって示される意思伝達の質的な障害：
> 　(a)話し言葉の発達の遅れまたは完全な欠如（身振りや物まねのような代わりの意思伝達の仕方により補おうとする努力を伴わない）。
> 　(b)十分会話のある者では、他人と会話を開始し継続する能力の著明な障害。
> 　(c)常同的で反復的な言語の使用または独特な言語。
> 　(d)発達水準に相応した、変化に富んだ自発的なごっこ遊びや社会性を持った物まね遊びの欠如。
> （3）行動、興味および活動が限定され、反復的で常同的な様式で、以下の少なくとも1つによって明らかになる：
> 　(a)強度または対象において異常なほど、常同的で限定された型の、1つまたはいくつかの興味だけに熱中すること。
> 　(b)特定の機能的でない習慣や儀式にかたくなにこだわるのが明らかである。
> 　(c)常同的で反復的な衒奇的運動（例えば、手や指をぱたぱたさせたりねじ曲げる、または複雑な全身の動き）。
> 　(d)物体の一部に持続的に熱中する。
> B. 3歳以前にはじまる、以下の領域の少なくとも1つにおける機能の遅れまたは異常：
> 　（1）対人的相互反応、（2）対人的意思伝達に用いられる言語、または（3）象徴的または想像的あそび。
> C. この障害はレット障害または小児期崩壊性障害ではうまく説明されない。

られる。

①社会性の障害（対人相互反応における質的な障害）

　視線があわなかったり、人見知りがなかったりする。また母子分離不安がなく、親の後追いをせず、親から平気で離れていってしまい迷子になるが、親を探さない。幼稚園では簡単なルールのある遊びやごっこ遊びがあまり得意ではない。

②コミュニケーションの障害（意志伝達の質的な障害）

　まず、言葉の発達の遅れとしてあらわれる。言葉が出てきてもオウム返しであったり、疑問文のようにしり上がり口調であったり、独語がみられることも多い。また話のできる子どもでも、言葉のやりとり（会話）が苦手であったりする。

③行動、興味、および活動の限定された反復的で常同的な様式

　幼児期には、自己刺激としてのこま回りや、横目、手かざし、手のひらをばたばたさせるなどの行動が認められる。そして、ミニカーやびんや缶を一列に並べたり、換気扇や車のタイヤなど回転するもの、道順や順番、位置など特定のものにだけ興味をもつことも多い。また、数字や記号、文字や時刻

表などの暗記が得意で、「漢字博士」「カレンダー博士」などと呼ばれたりすることもある。その他、感覚障害も顕著であることが指摘されている。粘土や砂にさわることや、人に触れられること（身体接触）を極端に嫌がる、極度の偏食などがよくみられる。

保育者は、これらの特徴をよく理解し、かつ、一人ひとりの発達に目を向け、スモールステップで無理なく慣れさせていくことが大切である（具体的な教育・保育については次節を参照）。

4 ── 注意欠陥／多動性障害

注意欠陥／多動性障害（Attention Deficit／Hyperactivity Disorder；以下AD／HD）の基本症状は不注意、多動性、衝動性の3つであり、日常行動のなかでこうした特徴となる症状がみられるかどうかで診断される。その診断基準を表9-6に示した。現在、学童期の子どもの3～7％がAD／HDであるといわれており、極めて高い割合を示している。原因は、ドーパミンという脳内ホルモン（神経伝達物質）の働きの異常にあるといわれている。私たちはある精神活動をしているとき、他の感覚刺激は抑制して、1つのことに集中している。この働きを調節しているのがドーパミンである。AD／HDの子どもたちはこのドーパミンの働きが弱く、周囲のさまざまな刺激に無差別に反応してしまうので、注意が散漫になったり、落ち着かなかったりするのである。決して本人の努力不足が原因ではない。また、生育環境や親のしつけが原因でもないという点にも、十分留意しておきたい。

また、AD／HD児は二次的な情緒障害を招きやすい。気が散りやすく、動きも激しいため、注意されることが多くなる。自分でコントロールしようと思っても直せなかったり、すぐ忘れてしまうことも多いため、年長になると攻撃的、反抗的になっていくことも少なくない。保育場面では環境を整え、かかわり方に留意して、二次的な障害を引き起こさないような配慮が必要である。

AD／HDの治療法には薬物療法もあるが、処方の開始は学習が始まる小学校に入ってからが一般的であり、幼稚園・保育所時代における投薬は比較的少ない。発達を促進させるためには、療育・教育的な介入が最もよいとされている。薬に頼ったり、診断名にとらわれたりすることなく、障害を正しく理解し、まずは子どもとの間に基本的信頼関係を築き、メリハリのある対応を心がけたい。

表9-6　DSM-Ⅳの注意欠陥／多動性障害

A．（1）か（2）のどちらか
（1）以下の不注意の症状のうち6つ（またはそれ以上）が少なくとも6ヵ月間続いたことがあり、その程度は不適応的で、発達の水準に相応しないもの：
不注意
(a) 学業、仕事、またはその他の活動において、しばしば綿密に注意することができない、または不注意な過ちをおかす。
(b) 課題または遊びの活動で注意を持続することがしばしば困難である。
(c) 直接話しかけられた時にしばしば聞いていないように見える。
(d) しばしば指示に従わず、学業、用事、または職場での義務をやり遂げることができない（反抗的な行動または指示を理解できないためではなく）。
(e) 課題や活動を順序立てることがしばしば困難である。
(f) （学業や宿題のような）精神的努力の持続を要する課題に従事することをしばしば避ける、嫌う、またはいやいや行う。
(g) 課題や活動に必要なもの（例えばおもちゃ、学校の宿題、鉛筆、本、道具など）をしばしばなくす。
(h) しばしば外からの刺激によって容易に注意をそらされる。
(i) しばしば毎日の活動を忘れてしまう。
（2）以下の多動性―衝動性の症状のうち6つ（またはそれ以上）が少なくとも6ヵ月以上持続したことがあり、その程度は不適応的で、発達の水準に相応しない：
多動性
(a) しばしば手足をそわそわと動かし、またはいすの上でもじもじする。
(b) しばしば教室や、その他、座っていることを要求される状況で席を離れる。
(c) しばしば、不適切な状況で、余計に走り回ったり高い所へ上ったりする（青年または成人では落ち着かない感じの自覚のみに限られるかも知れない）。
(d) しばしば静かに遊んだり余暇活動につくことができない。
(e) しばしば"じっとしていない"またはまるで"エンジンで動かされるように"行動する。
(f) しばしばしゃべりすぎる。
衝動性
(g) しばしば質問が終わる前にだし抜けに答えてしまう。
(h) しばしば順番を待つことが困難である。
(i) しばしば他人を妨害し、邪魔する（例えば、会話やゲームに干渉する）。
B．多動性―衝動性または不注意の症状のいくつかが7歳未満に存在し、障害を引き起こしている。
C．これらの症状による障害が2つ以上の状況において（例えば、学校〔または仕事〕と家庭）存在する。
D．社会的、学業的または職業的機能において、臨床的に著しい障害が存在するという明確な証拠が存在しなければならない。
E．その症状は広汎性発達障害、精神分裂病、またはその他の精神病性障害の経過中にのみ起こるものではなく、他の精神疾患（例えば、気分障害、不安障害、解離性障害、または人格障害）ではうまく説明されない。

資料：高橋三郎・大野裕・染谷俊幸『DSM-Ⅳ-TR精神疾患の分類と診断の手引』医学書院　2003年

第2節　発達障害の子どもの教育・保育
　　　　　―発達障害児への対応―

1 ── 指導法

（1）精神遅滞児への対応

　精神遅滞は、前節でみてきたように、発達の遅れが運動、基本的習慣、言葉、理解、人とのかかわり、遊びなど全領域に均一に認められる状態である。したがって、子どもの各領域の発達段階を正確に押さえ、短期間で達成可能な課題を設定し、スモールステップで進めていくことが教育・保育の基本となる。このような手順を踏み、十分にかかわっているにもかかわらず、なかな

か成長がみられなかった場合は、発達評価と課題の見直しが必要である。発達評価が誤っていたり、課題が困難であった場合は、少し前の段階の課題から始めていくと無理がない。発達評価については、専門機関にかかっている子どもの場合は、遠城寺式乳幼児分析的発達検査[※3]、津守稲毛式発達質問紙[※4]、新版K式発達検査[※5]、田中ビネー式知能検査[※6]、WPPSI知能検査[※7]、WISC-Ⅲ知能検査[※8]等から、発達指数（DQ）や知能指数（IQ）を、保護者を通じて知ることができる。また、専門機関にかかっていない子どもの場合でも、運動や言葉の発達、基本的習慣、遊びや友達とのかかわり等から、発達年齢を推測することが可能であり、保育者はそのような力量を身につけたい。そして、課題として設定したことができるようになったときには、子どもを十分ほめ、それが本人の自信になるようなかかわりをすることが大切である。

(2) 自閉症児への対応

現在、わが国で行われている自閉症児への治療教育的アプローチには、行動論的アプローチやTEACCHプログラム、太田のステージによる認知発達治療、ソーシャルスキルトレーニング、さらに動作法、感覚統合療法、遊戯療法などがあり、自閉症状や発達の程度、年齢などによって使い分けられている[10]。以下に主な治療法を簡単に紹介するが、これらは主に専門機関で専門職が実施する治療的アプローチであり、教育・保育に取り入れる場合は、理論を十分習得したうえで、子どもが生活しやすいよう工夫していくことが大切である。形だけを真似て実施すべきものではない点には十分留意したい。

①行動論的アプローチ

行動論的アプローチは、実験的に確立された原理や手続きに基づいて、不適応行動を減らし、適応行動を獲得させる治療技法である。アメリカで広く用いられている自閉症児への体系的療育プログラムの代表には、心理学者ロバースが開発した応用行動分析（Applied Behavior Analysis：ABA）があり、1960年代から本療法による療育がスタートし発展してきた。ABAでは「強化[※9]」「消去[※10]」「罰[※11]」の３つの行動の基本原理を自閉症の治療・教育に応用しており、実際の治療においては、不適応行動がどのようにして学習されてきたのか、適応行動を学習させるためにはどのような方法が適切であるか、自閉症児の行動を詳細に分析しながらいろいろな方向から治療が試みられている[11]。行動論的アプローチによる指導の具体例として、歯磨きなど日常生活の習慣形成、トイレ恐怖の消去、偏食の改善、注射や諸検査・歯科治療などをスムーズに受けられるようにしたり、買い物や外食など社会行動の促進などがある。

※3　遠城寺式乳幼児分析的発達検査
九州大学の遠城寺宗徳らによって作成された発達検査である。０～４歳８か月までが適用年齢であり、運動（移動運動・手の運動）、社会性（基本的習慣・対人関係）、言語（発語・言語理解）の６領域を分析的に評価し、結果はプロフィールで示される。

※4　津守稲毛式発達質問紙
津守真らが標準化した発達検査であり、１～12か月用、１～３歳用、３～７歳用の３種類がある。母親と面接のなかで、項目に従って子どもの日常の様子を報告してもらい、発達診断を行っていく。１～３歳用では、運動、探索・操作、社会、食事・排泄・生活習慣、理解・言語の５領域から成っており、結果は発達輪郭表によって示される。

※5　新版K式発達検査
京都児童院で開発された発達検査である。０～14歳までが適応年齢であり、実施方法は、かなり知能検査と似た側面をもっている。姿勢・運動領域、認知・適応領域、言語・社会領域に分かれた発達プロフィールが把握できる。

※6　田中ビネー式知能検査
適用年齢は満２歳から成人までである。言語、動作、記憶、数量、知覚、推理、構成などさまざまな内容から構成されており、言語活動を中心とした一般知能

②TEACCH

　TEACCH[12]とはTreatment and Education of Autistic and related Communication handicapped Children（自閉症とその周辺のコミュニケーション障害のための治療と教育）の略語であり、ショプラーらによって提案され、アメリカのノースカロライナ州において自閉症療育の公式プログラムとして採用されたものである。基本的な指導原理は、行動論的アプローチに従うものだが、TEACCHプログラムの目的は、「自閉症児・者たちの脱施設化を図り、家庭・学校・地域社会への参加能力を向上させ、それぞれの地域において自立した生活を営めるようにすることである」とされている。「自閉症の文化」を尊重し、自閉症の人たちとコミュニケーションをとるために、写真や絵カードなどの視覚的な情報を用いたり、行動する場所がわかるように「環境の構造化※12」をしたり、活動の見通しがつくよう「スケジュールの構造化※13」をしたりする。このようなアイディアを基盤にして、支援することから「共存」へ向かって自閉症の人たちと一緒に生活できることをめざしている[13]。

③ソーシャル・スキル・トレーニング（Social Skills Training：SST）

　ソーシャル・スキル・トレーニングは、カリフォルニア大学のロバート・リバーマンが考案したもので、コミュニケーションや集団での振る舞い方など、人とうまくかかわっていくための方法（これをソーシャル・スキルという）を学習させる技法である。自閉症児はこのソーシャル・スキルの獲得が難しいため、結果として集団に適応できなかったり、誤解されてしまったりすることが多い。そこでSSTでは、周囲の子どもの行動を観察し、それを真似ていくモデリング（modeling）や、困難な場面を設定しやりとりを練習するロールプレイ（role play）、その結果をフィードバック（feedback）するなどの手法をパッケージにし、適応行動のパターンを身につけさせていくことを目的としている。

　ソーシャル・スキルとして幼児期に身につけたい基本的な事柄には、挨拶、お礼の言い方、許可の求め方、要求の伝え方、謝り方、断り方などがあげられる。これらは社会生活を円滑に送るために必要なルールだが、身につくまでには時間がかかるため、保育場面においては、保育者が繰り返し伝えたり一緒にやってみせたりし、1つずつ積み重ねて身につけていく必要がある。

④遊戯療法

　遊戯療法は遊びや遊具を介して関係性を形成したり、言語能力がまだ発達していない幼児や障害児の表現能力を高めるためなどに用いられる療法である[14]。言語理解が乳幼児期の発達段階にある自閉症児は、手をひらひらさせ

※7　WPPSI知能検査
ウェクスラー式の知能検査の幼児・低学年用であり、3歳10か月～7歳1か月までの子どもに適用できる。下位項目には言語性と動作性の項目が各々5つずつあり、結果は言語性IQと動作性IQ、両者をまとめた総IQが算出される。

※8　WISC-Ⅲ知能検査
ウェクスラー式の知能検査であり、適用年齢は満5歳～16歳11か月までである。6つの言語性検査項目と7つの動作性項目から構成されており、結果は言語性IQと動作性IQ、総IQが算出され、さらに、言語理解・知覚統合・注意記憶・処理速度の4種類の群指数を得ることができる。

※9　強化
何らかの行動の直後に、その人の喜ぶもの（ほうび）を伴わせると、以後、その行動は増加する。それを「強化」という。また、ほうびとなる刺激のことを「正強化子」という。強化子としては、「物を与える」ことだけではなく、「一緒に遊んでもらえること」や「ほめてもらうこと」なども好ましい。

※10　消去
何らかの行動の直後に、全く刺激が伴わないと、その行動は徐々に減少していく。それを「消去」という。

※11　罰
ある行動の直後に、そ

第9章●発達障害のある子どもの教育・保育

たり、こま回りしたり、ジャンプをし続けるなど自己刺激的な感覚遊びを楽しみ、目的にあったおもちゃ遊びはできない。したがってこの段階ではおもちゃを用いた三項的な対人遊びではなく、「ぐるぐる回し」や「高い高い」や擽(くすぐ)り遊びなど二項的な身体接触遊びや滑り台やトランポリンなど大きな遊具遊びを中心に実施する。こうした遊びを通して、楽しいという感覚体験を共有するとその人への関心が高まってくる。そして楽しいことを共有してくれる人の側へ近づいて行ったり、要求を出したりするようになる。このように遊びを通して対人関係が深まっていくのである。

　自閉症児の遊びは、その種類が限定され広がらないこともある。例えば、缶やミニカーの一列並べ、水遊び、カレンダーやアルファベット遊び、トイレ観察などである。こうした遊びを「こだわり」ととらえ、禁止しようとするばかりでなく、長期的なかかわりも必要となる場合も少なくない。

(3) AD／HD児への対応

　まずAD／HDの原因は本人や保護者にあるのではなく、脳内の神経伝達物質の異常であることを理解し、障害を正しく認識することが大切である。生活のなかでは逸脱行動や規則違反が繰り返されるため、禁止や注意、叱責されることが多くなる。ほめられることなく、朝から晩までしかられっぱなしでは、自信がもてないばかりか、疎外感や無力感を植えつけてしまう。保育者は、本人のよい点を見出してほめてやり、少しずつ自信を育んでいくことが大切である。約束や成すべきことをすぐ忘れてしまう子どもには、それを紙に書いて示したり、短期間で達成できる課題を設定し、成し遂げられたときはシールを貼るなど、達成度が視覚的に確認できるようにするといった工夫も必要である。

2 ── 信頼関係の形成

　以上、障害別に対応の仕方を述べてきたが、すべての子どもたちへの対応に共通して大切なのは信頼関係の形成である。何を教えるにも人に関心を示さなければ身につかない。信頼感に支えられて探索行動が始まり、学習が進んでいく。信頼している人から言われたことなので、耳を傾け、注目し、その人の行動をモデルとして模倣していくのである。身近な大人との信頼関係の形成は子どもが発達していくうえでの基礎となり、教育・保育の基本でもある。

　保育者は誰でも、自分が担任になったからには、少しでも多くのことを身

の人にとって不快な刺激（嫌悪刺激）が与えられると、以後、その行動は減少していく。この手続きを「罰」というが、臨床的にはあまり使用されない。

※12　環境の構造化
自閉症の人たちがその場で何をすればよいのかを理解し、安心して行動できるよう環境を視覚的にわかりやすく整理し、環境を整えることをいう。例えば、場所と作業を一対一で固定し、何をするところかがわかるよう、床をカーペットで色分けしたり、ついたてを立てて境界線を作るなどである。

※13　スケジュールの構造化
1日の流れ（予定表や時間割）を絵カードや写真、文字などによって視覚的に示し、見通しがつくようにすることをいう。自閉症の人たちは、視覚的手がかりにより、今なにをするのか見通しがつくと、自分のペースで行動できるようになり、安心でき、楽になるのである。

125

につけさせたいと意気込むであろう。そういった情熱はいうまでもなく大切である。しかし、担任になったすぐの4月から力を入れ教えようと思っても、実際にはなかなかうまくいかない。まずは、子どもとの信頼関係を形成し、園での安全基地となれるよう心掛けたい。子どもによっては、長い期間を要する場合もあろうが、信頼関係に支えられての援助が一番の近道であり、望ましいスタイルである。

　子どもとの信頼関係の形成とともに大切なことは、保護者との信頼関係の形成である。乳幼児健診をすり抜けて入園してきた子どもたちのなかにも、「ちょっと気になる子」はどこの園にもいるであろう。長年の保育経験から「この子には何らかの障害があるのではないか」という疑いをもつと、専門機関への受診を勧めたくなるものである。しかし保護者との信頼関係が十分成立していない段階で勧めてしまうと、保護者の抵抗にあったり、信頼を失ったりしてしまう。担任はまず、その子どもとの信頼関係を築き、好きになってもらうことを心掛けたい。子どもが保育者に信頼を寄せ、指示がスムーズに入るようになると、親も担任を信頼するようになっていく。そして、子どもの小さな成長にも気づきそれを保護者へ伝えて、子どもに対しての熱心な取り組みを理解してもらい、成果を示すことが大切である。障害が軽ければ軽いほど、「そのうちみんなに追いつくだろう、問題は解決するだろう」と思い、障害受容は遅れるものである。しかし、実際は家族も困っており、問題に気づいていることが多い。保育者には家族の障害受容の段階を理解し、家族に寄り添い、ともに悩み、悲しみ、喜びを味わい、試練を乗り越えていくことを通じて家族との絆を深めていってもらいたい。

● 「第9章」学びの確認
①発達障害のある子どもたちの特徴と対応を障害別にまとめ、整理してみよう。
②幼稚園・保育所実習で出会った障害のある子どもたちの姿と保育者のかかわりについて、振り返り話し合ってみよう。
● 発展的な学びへ
①あなたの住んでいる市町村にある、障害のある子どもに対する社会資源を調べてみよう。
②障害のある子どもの保護者や発達障害者本人が執筆した手記を読んでみよう。

引用・参考文献

1）*American Association on Mental Retardation* 1992（アメリカ精神遅滞学会AAMR編茂木俊彦監訳『精神遅滞第9版　定義・分類・サポートシステム』学苑社　1999年
2）杉山登志郎・原仁『特別支援教育のための精神・神経医学』学研　2003年　p.25
3）伊藤健次編『新・障害のある子どもの保育』みらい　2007年　p.57
4）田中康雄『わかってほしい！気になる子』学研　2004年　p.16
5）浜谷直人「子どもの発達と保育への参加を支援する巡回相談」『発達』107号　2006年　p.2
6）上田敏『目でみるリハビリテーション医学』東京大学出版会　1994年　p.5
7）新見明夫他「心身障害児をもつ母親のストレスについて」『特殊教育学研究』18巻4号　1981年
8）伊藤健次編『新・障害のある子どもの保育』みらい　2007年
9）中村義行・大石史博『障害臨床学』ナカニシヤ出版　2003年　p.51
10）高田博行「行動療法の立場から」『そだちの科学』No1.　日本評論社　2003年　p.66
11）ラター, M.・ショプラー, E.（高木隆郎訳）『自閉症と発達障害研究の進歩』Vol.1 特集「心の理論」日本文化科学社　1997年
12）佐々木正美『本当のTEACCH』横浜やまびこの里　2001年
13）昇地勝人・蘭香代子・長野恵子・吉川昌子『障害特性の理解と発達援助』ナカニシヤ出版　2001年　p.144

●○● コラム ●○●

発達指数とは？

　発達指数（developmental quotient:DQ）は、乳幼児の精神発達水準を明らかにするための発達検査において、精神発達程度をあらわすために考案された指数である。

　DQ＝発達年齢/生活年齢×100で算出され、DQの平均は100である。

　この場合は、知能面以外にも、歩行・手作業などの運動面、食事・排泄・着脱衣などの基本的生活習慣、人のやりとりなどの対人関係面の発達も含んでいる。このように、発達検査（第1章コラム参照）では、知能面だけではなく全体の発達を測定しており、低年齢対象のものが多い。現在、よく使われている発達検査には、「乳幼児精神発達質問紙」（津守式）、「乳幼児分析的発達検査」（遠城寺式）、「KIDS乳幼児発達スケール」、「新版K式発達検査」などがある。

　子どもの発達を支援していくときには、発達指数から発達レベルを押さえていくことは重要であるが、数値だけにとらわれることなく、個人内差にも十分留意する必要がある。

第10章 保育のなかで生かす教育心理学

◆キーポイント◆

　幼稚園・保育所での生活は基本的に、集団生活である。それまでの家庭生活では、自分のために行動し、自分の思いをすぐに察してくれる親という存在があったが、同世代の子どもの輪のなかに入ればそうはいかない。「思い通りにはいかない」、そのような集団生活を経験することは、子どもの発達にとって非常に重要である。集団のなかでうまくやっていくためには、自分の思いを表現したり、自分の欲求を我慢するなど、自己をコントロールする必要があるし、集団内での自分の役割を学ぶ必要もある。また、友達との具体的なやりとりからは非常に多くのことを学ぶ。そして、このような子どもたちの育ちを支援するために保育環境を工夫することは、保育者としての重要な役割だろう。

第1節 ● 保育における集団

1 ── 集団が果たす役割

　家庭では親子という縦の関係が主であるが、園では同世代の子ども同士という横の関係が主となる。縦の関係というと、親が子を従わせるという主従の関係が強調されるように思うが、それだけではない。親は、子どもを第一に考え行動し、子どもがそれほどはっきり言わなくても察してくれる。そのような物わかりのよい親と、まだまだ未成熟な子という縦の関係という意味もある。

　同じように、横の関係である子ども同士の関係も、同等の立場であるという意味だけでなく、自分の主張がそのまま通らない関係、未成熟な者同士であるために、対立やいざこざが起こりやすい関係という意味もある。また、園での生活では、家庭よりも大勢の人間とかかわらなければならない。人々の個性や性質はさまざまであり、同じように行動しても、相手によって返ってくる反応は異なるだろう。このように、園での生活は、それまでの家庭生活とは異なる経験を子どもたちにもたらすのである。

　園における集団としては、担任をリーダーとするクラス集団と、自由遊び

などで自然発生的に生じる遊び集団があげられる。クラス集団にしても、遊び集団にしても、その集団がうまく機能するためには、その集団における役割やルールをみんなが受け入れる必要がある。例えば、クラスで音楽発表会をするときも、遊び集団で鬼ごっこをするときも、子どもたち一人ひとりが、自分に割り当てられた役割を受け入れ、求められる行動をとる必要がある。また、その集団内で決められたルールには従わなければならない。もし、ある子どもがカスタネットの役を嫌がり、となりの子からタンバリンを取り上げようとすれば、音楽発表会はうまくいかない。また、鬼にタッチされたら、鬼になるというルールに従わない子どもがいれば、鬼ごっこは成立しない。役割やルールに従わない子どもたちは、先生にしかられたり、遊び集団から仲間外れにされたりしてしまうだろう。

　また、集団内の地位関係を意識した行動も必要となる。異年齢保育の場では、年長の子どもは年少の子どもの面倒をみて、ある程度年少の子どもにあわせた遊びをしなければならない。逆に、年少の子どもは、年長の子どもの指示に従ったり、助けを求めたりすることが必要となる。さらには、年長の子どもがよい手本となれるようにがんばったり、年少の子どもが年長の子どもにあこがれて真似をしたりすることが、子どもの発達によい影響を与えるだろう。

　私たち人間は、集団のなかで生活している。その集団のなかで互いに尊重し合い、うまく生活していくためには、その集団における役割、ルール、地位などを認識し、それらを受け入れていく必要がある（時には、調整・変更する力も必要かもしれない）。園での生活のなかで、子どもたちは集団の一員としての行動を身につけていくのである。そして、集団のなかで生活することが、さらに子どもたちの発達を促すのである。

2 ── 集団活動と子どもの発達

　子どもは誕生したときから、他者に対して強い関心をもっている。それは、新生児が好んで人の顔をよく見る、他の新生児が泣き出すとそれが伝染してみんなが泣き出す（共鳴動作[※1]）などの現象からも明らかである。また、1歳前後の乳児になれば、他の子どもに対して強い興味を示し、笑いかける、声をかけるなど実際の働きかけがみられるようになる。しかし、相手への強い関心があるだけでは、楽しく気持ちのよいかかわりをもてるとは限らない。そこには、保育者の配慮が必要となってくる。例えば、おもちゃは子ども同士のかかわりを引き出す有効な道具であるが、おもちゃの数が少ないと喧嘩

※1　共鳴動作
コアクションとも呼ばれる。産科病院の新生児室で1人の新生児が泣き出すと他の新生児も一斉に泣き出す現象のこと。共感性の最も早い出現といわれている。

になってしまうかもしれない。また、他の子どもが何かのふりをして遊んでいても、その意味をつかむ力が未発達であるため理解できずに、相手を拒否してしまうこともある。そのような状況では、保育者が、用意しておくおもちゃを工夫したり、「かいじゅうがガォーってこっち来たよー」などと言って子ども同士の理解のずれを調整したりする配慮が必要なのである（荻野、1989）[1]。

　図10－1[2]は年齢による遊び相手の変化を示している。これをみると、2歳から3歳にかけて、遊び相手がおとなから子どもへと変化をしているのがわかる。同年齢の子どもとの関係がうまくいくためには、相手の意図や感情を理解する力、自分の意図や感情を自覚しそれを伝える力が必要である。それが2歳までは未発達であることから、おとなを遊び相手にすることのほうが多くなるのだろう。また、集団で遊んでいればトラブルがつきものである。3歳ごろから言葉の発達とともに、徐々に自分たちでトラブルを解決することができるようになってくる。たとえば、イメージのずれが原因で喧嘩が起きたとき、保育者の介入がなくとも、言葉や行動でずれを調整したり、対立が起きたときに、じゃんけんや順番の規則を用いて解決したりできるようになってくる。また、他の子どもへの共感性を示すことで関係を円滑にすることもできるようになってくる。2・3歳ごろには、泣いている子にいい子いい子をしてあげたり、その子の好きなおもちゃをもってきてなぐさめたりする行動もみられるようになる。最初は単にパターン化された行動をしているにすぎないかもしれないが、こうした行動を通して、他の子どもとの関係を調整できるようになっていくと考えられる。

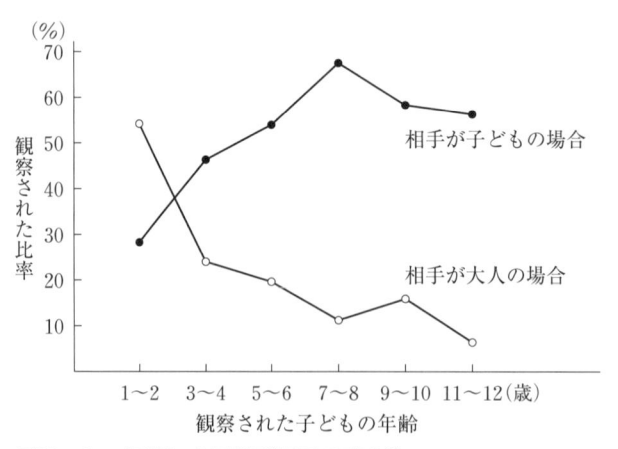

図10－1　年齢による遊び相手の変化[2]

第2節 ● 集団における個人の役割と指導

1 —— 役割を学ぶ

　幼稚園・保育所で集団生活をする際、それぞれが役割を受け入れなければ、集団活動がうまくいかないことは第1節で述べた。それ以外にも、役割を学ぶことの意義は指摘できる。それは、ある役割を受容する過程において、集団のなかで自分が何を期待されているかの自覚が促されることや、その役割を遂行できたときに感じられる達成感や集団への一体感である。例えば、ままごと遊びでは、自分が何役として振る舞うことが期待されているか、みんなで何か1つのものをつくろうとしているときには、自分にどういう行動が期待されているか、これらを自覚し、その行動をすることになる。そして、集団としての目標が達成されれば（ままごとが楽しくできる、作品が出来上がる）、子どもは達成感や一体感を感じるだろう。このような経験を通して、子どもたちは集団の一員として行動することの喜びを知り、社会性を身につけていく。

2 —— 役割を学ぶ仕組みづくり

　子どもが役割を学ぶためには、保育者はどのような仕組みをつくればよいのだろうか。何に留意すべきなのだろうか。ここでは、2つのポイントを取り上げてみたい。1つは、子どもたちのやる気、内発的動機づけ※2の観点から、もう1つは、トラブルの活用の観点である。

　自由遊びや園行事など、どのような活動であっても、子ども自身の内発的動機づけがなければ、単に強制的にやらされている活動になってしまう。子どもが、自ら進んでその活動に参加し、わくわくしたり、楽しんだり、工夫したり、考えたりできる活動でなければならない。しかし、園行事など、ある程度強制的に活動が決められることもある。子どものやる気を自然に引き出すためには、園行事と普段の保育場面との関連性をもたせるというのも1つの方法である。例えば、1学期に子どもたちが夢中になった遊びが、お店屋さんごっこであるなら、それを生かして、食べ物屋さんや輪投げ屋さんなどの「園祭り」を企画するなどである。そうすれば子どもたちは楽しかったお店屋さんごっこの経験をもとに、「園祭り」の準備にも積極的に参加できる

※2　内発的動機づけ
お金やごほうびなどの報酬がもらえるから、その活動をするのではなく、活動そのものの楽しさ、それができるようになりたいという強い気持ちから行うこと。それに対して、お金やごほうびなどの報酬がもらえるから行う場合は、外発的動機づけと呼ばれる（詳細は第5章参照）。

だろう。園行事にあわせて、普段の保育活動を構成するということも考えられる。

2つ目は、トラブルをうまくとらえて、子どもが役割を学ぶきっかけをつくるということである。例えば、自由遊びの最中に、ある子が突然に怒り出し、周囲のみんなが何を怒っているのかわからず戸惑っているような場面に出くわしたとする。そのとき、怒り出した子に「何がいやなの？ 言ってごらん」と保育者が言葉がけをすることで、遊びのイメージのずれが原因であることがわかるかもしれない。そうすれば、そのためにはどうすればいいかを本人も周りの子どもたちも考えて行動することにつながる。トラブルが起きたとき、起きそうなときというのは、新たな行動を子どもが学ぶチャンスでもある。それをうまくとらえ、保育者が媒介者となることで、子どもの集団活動を支援することが大切だと考えられる。

第3節 ● 自己のコントロールと集団への適応

1 ── 第一次反抗期といざこざの経験

2・3歳ぐらいの子どもは、1人では上手にできないことでも「自分でする！」と言ってきかなかったり、親の言うことに対して「いや！」を連発したり、親を困らせることもしばしばである。このように、2・3歳の子どもが、激しく自己主張したり、反抗的な態度をとったりする時期を、第一次反抗期と呼ぶ。

第一次反抗期は、自我[※3]の芽生え、自己意識[※4]のあらわれとも考えられる。2・3歳になると、自分でトイレに行く、簡単な衣服を着るなど身辺自立が進み、自分でできることに対して達成感も感じられるようになる。そうすると、ますます、自分でしたいという気持ちが強まり、激しい自己主張につながる。これ自体は、発達の証であり、子どものやる気を汲み取ってやることが大切である。しかし、幼稚園や保育所での集団生活のなかでは、このような自己主張がトラブルを招くことも多い。同じように自己主張する子どもたちがたくさんいるので、自己主張がぶつかりあい、いざこざに発展していくのである。

いざこざの経験は、否定的な経験、避けるべき事柄と思われがちであるが、子どもの発達にポジティブな影響を与えるともいわれている。認知的な発達

※3 自我
生まれたばかりの乳児には自他の区別がない。周囲の物や人とのかかわりのなかで、自分とは異なる世界があることを認識していく。その区別された自分のことを自我と呼ぶ。

※4 自己意識
自分自身をどのように考えるかという、自分に向かう意識のこと。1歳半ごろになると、鏡に映る自分を意識でき、また、自分の名前も意識できるようになる。2歳半ごろには、他者から自分がどう見られているかの意識もできるようになってくる。

や社会的な発達を促し、ネガティブな行動を抑制したり、調整したりする機会を提供するとされている。そして、子どもの発達に伴っていざこざの原因も変化していく。初期には、物や場所の所有や使用をめぐるいざこざや、いやなことを言われたり、ぶたれたりする不快な働きかけが多い。年長になると、遊びや生活上のイメージ・意見の食い違いや、遊びや生活上のルール違反もいざこざの原因となってくる（岡本・菅野・塚田－城、2004）[3]。図10－2[4]は、3歳児クラスのいざこざの原因をまとめたものであるが、物や場所の専有という原因が多くを占めていることがわかる。

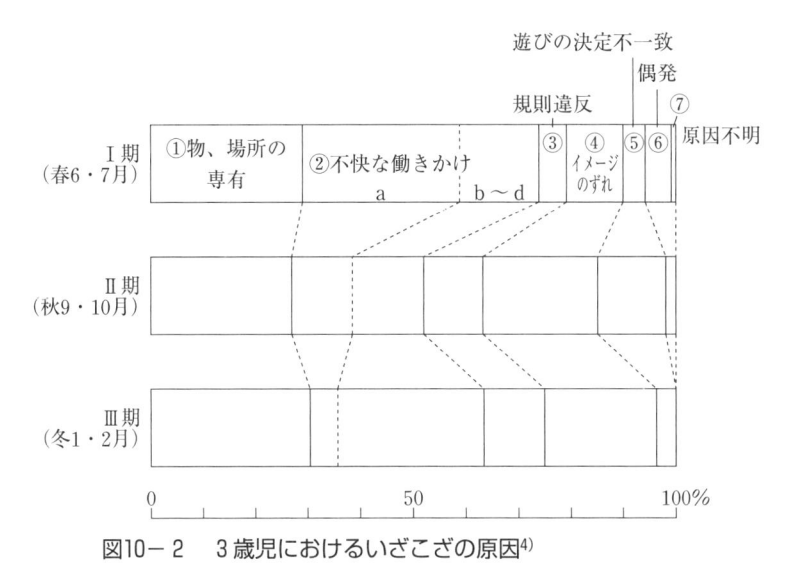

図10－2　3歳児におけるいざこざの原因[4]

（注）：a－身体的攻撃、悪口などの否定的行動、b～d－相手の意図を考慮しない手助け、悪意のない遊びの行動や中立的な行動。（筆者）

2 ── 自己のコントロール

いざこざを解決するためには、自己主張しているだけではなく、それを抑えるという自己抑制も学ばなくてはならない。子どもは、いざこざの経験を通して、これら2つをコントロールする力を身につけていくのである。

柏木（1988）[5]は、自己の行動を制御（コントロール）する機能として、「自己主張・自己実現」と「自己抑制」の2つの働きをとらえている。自己主張・自己実現とは、自分なりの意志や目標をもち、これを外に向かって主張し実現する行動がとれることである。自己抑制とは、自分の欲求や衝動をそのままあらわしてはいけない場面において、自分の欲求や行動を抑制し制止する働きである。柏木（1988）は、これら2つの機能をあわせもつことが

重要であるとしている。日本社会においては、「自己主張が強い」ということは否定的な印象を与えることもあるが、自己主張・自己実現と自己抑制は、自己制御機能の両輪であり、両者が関連し合って獲得されていくものと考えられている。

図10-3[5]は、自己主張・自己実現と自己抑制の年齢による変化を示している。両側面ともに、年齢に伴い、上昇・発達の傾向が読み取れる。しかし、自己主張・自己実現は、3〜4歳にかけて上昇した後はゆれが目立ち、時に停滞または後退をみせる。それに対して、自己抑制は、ほぼ直線的な増加がみられる。これは、次のように解釈できるのではないだろうか。自己主張・自己実現は、まず反抗期に、激しい自己主張としてあらわれるが、自己抑制の獲得により、それが抑えられる。しかし、自分なりの意志や目標を主張し実現していくという本来の意味での自己主張・自己実現を獲得することはかなり難しく、就学前までの期間、徐々に獲得されるのだろう。さらに、自己抑制の特徴として、自己主張・自己実現よりもすんなりと獲得しやすく、女児のほうが高いことがあげられる。

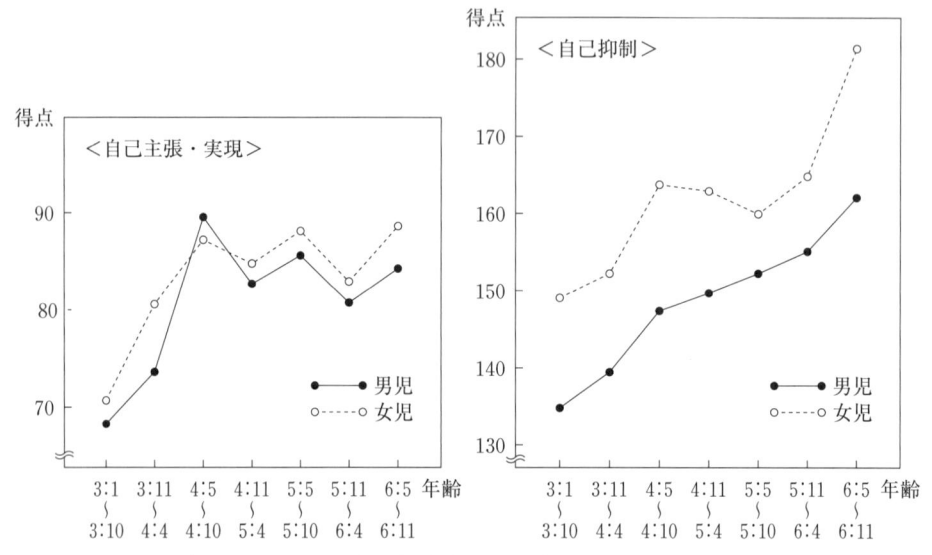

図10-3　自己主張・実現と自己抑制の年齢的消長[5]

自律性の獲得は、この時期の子どもの主要な発達課題であり、また、しつけや教育の目標ともなることである。自律性が意味するところは、我慢することだけではなく、自分なりの意志を主張できることでもある。つまり、自己主張・自己実現と自己抑制をバランスよく発揮し、自己をコントロールすることである。これらの獲得は、さまざまな形でのいざこざを通して、自分

の主張が通ったり、通らなかったりする経験を通して身につけていくものと考えられる。

第4節 ● 友達関係から得られる発達とその支援

表10-1[6]は、友達関係を通して、子どもが何を学ぶかについて、斉藤ら（1986）[4]の考えをまとめたものである。この斉藤らの考えを、筆者の補足を加えながら紹介する。

表10-1 仲間関係の役割[6]

役割	内容
他者理解・共感	他者の外的行動だけを見るのではなく、その背景にある他者の意図や情緒といった内的特性に気づき、正しく推論し判断する。他者の喜びや悲しみを共有するといった情緒的に共感する。
社会的カテゴリーの理解	年齢や性別といったカテゴリー、または「あの子は優しい子だ」といった性格特性のカテゴリーや「グループ内の問題を解決してくれる子だ」といった社会的地位に関するカテゴリーなどの多くのカテゴリーを理解する。
社会的規則の理解	規則は上から与えられるものではなく、自分たちの関係をよりよくするため互いに協同し、自分たちの責任で維持するものとみなす。仲間との相互交渉のなかで、集団生活を円滑に行うためのさまざまな規則を理解する。
コミュニケーション能力	仲間との交渉は対大人との交渉に比べより多くのスキルや知識が求められる。そのため、会話の調整に各児が積極的役割を取らなければならないようになり、さまざまな地位、立場に適切な表現方法を学ぶ。
自己統制能力	自分の思ったことをそのまま行動に移すのではなく、いったん抑えて客観的に外から捉え直すようになる。こうすることで初めて自他を正等に比較し、他者の立場を正しく推論する余裕が生まれる。

1つ目の「他者理解・共感」とは、子どもが遊びやいざこざを通して、相手の行動の背後にある気持ちや感情、意図や動機など、目には見えない相手の内面的な特徴や心理過程に気づき、理解するようになることである。このような他者理解は、相手の喜びや悲しみの共有、相手への思いやり行動などの共感性の発達にもかかわっていく。

2つ目は「社会的カテゴリーの理解」である。他者を理解するときは、一般に多くの知識が利用される。性別、職業、身体的特徴、服装、評判などさまざまである。これらのうち、性別、職業、年齢などは、社会的カテゴリーと呼ばれる。「あの子は男の子だから、……だろう」「先生だから……に違い

ない」のように、他者の行動を理解する。子どもはこれらのカテゴリーを最初からもっているわけではなく、多くの対人関係を通してつくりあげ、利用していくのである。他にも、他者理解に利用されるカテゴリーには、性格に関するカテゴリー（弱虫、いい子、いばりや）や、社会的地位に基づくカテゴリー（年長や年少、先生と生徒）などがある。

　3つ目の「社会的規則の理解」とは、ルールの理解のことであり、第1節で述べた。ここでは、その補足をしておく。規則（ルール）とは、集団生活を円滑に行うために、また、みんなが幸せに暮らすために、その集団の価値観を反映して、つくられてきたものである。規則には、通常、それがなぜ存在するかの理由がある。最初のうち子どもは、おとなとの縦の関係のなかで、単におとなの権威や圧力に従うという形で規則を守る。しかし、子どもは規則の本来の意味を理解してはいない。それに対して、子ども同士の横の関係のなかでは、子どもが規則の本来の意味に気づき、思考する環境を与えられやすいのである。規則とは、自分たちの活動をよりよくするために、互いに協同してつくり、みんなで守っていくものであると理解していくのである。

　4つ目の「コミュニケーション能力」とは、友達関係から、友達関係のやり方そのものを学ぶという話である。例えば、誰かと会話するやり方などは、おとなは普段何気なく行っている。しかし、そこには、適切な間やタイミングをとること、順番に発話すること、相手が応答しない場合には自分の発話を繰り返す、言い換えるなどして修正すること、などさまざまな調整が行われている。子どもがおとなと会話するときには、おとながこれらの調整を行う。このような経験をもとに、子ども同士の会話では、子ども自らこれらの調整を行うようになっていく。また、言葉や会話のスタイルは、状況、場所、話し手と聞き手の関係などによって使い分けられる。これらのやり方を子どもはごっこ遊びを通して学ぶ。子どもは、おとなとの会話、おとな同士の会話の観察、見聞きしたことなどを記憶し、ごっこ遊びのなかで再現し、応用することによって、身につけていく。

　5つ目の「自己統制能力」とは、第3節の自己のコントロール（自己主張と自己抑制）と同様の内容である。

　このように、友達との関係は、対人関係や集団生活、社会に関する知識、また、対人関係それ自体についての知識やスキルなどの基礎を獲得するうえで、とても重要な役割を果たすと考えられる。

第5節 ● 子どもの育ちを支援する

1 ── 保育環境の工夫

　環境構成という言葉は、保育に携わっていれば、何度も耳にする言葉である。保育の環境を構成するという意味であるが、その際、重要になるのは、「子どもの主体的な活動が確保される」「子どもが自発的、意欲的に関われるような」環境を構成することである。前者は「幼稚園教育要領」(1998年改訂)の、後者は「保育所保育指針」(1999年改定)の、いずれも第1章総則のなかで、述べられていることである[※5]。保育環境には、人的環境(保育者や周囲の子どもたち)と物的環境(園の施設、遊具、教材など)をあげることができる。保育者は、自分自身も含め人的・物的環境を、子どもの主体的、自発的、意欲的な活動が促進されるように構成することが求められているのである。主体的、自発的、意欲的な活動とはどのようなことをさすのだろうか。第2節で内発的動機づけについて述べたが、この内発的動機づけが一番の基礎になると考えられる。誰かにやらされているのではなく、子ども自らが進んでそれをしたいと思ってする、そういった気持ちを保育者は引き出さなければならない。しかし、これは、子どもの好きにまかせていればよいということではない。保育者は、子どもの主体的な活動を前提として、教育的な意図をもって、適切な環境を構成することが必要である。子どもが、その活動に対して、興味や関心がわき、それをせずにはいられないような気持ちになる、そのような環境を準備することである。そのためには、子どもが何に関心や興味をもつのか、周囲の出来事やさまざまな事物に対しどのような理解をしているのか、これまでどのような体験を積み重ねてきたのか、などを保育者が把握しなければならない。さらにいえば、それは子ども一人ひとり異なるだろう。

※5
幼稚園教育要領・保育所保育指針は、いずれも2008(平成20)年3月に見直しが予定されているが、子どもの主体性を重視する考え方に変更はないと予想される。

2 ── 保育環境の工夫の具体例

　具体例として、まず、物的環境の工夫をあげる。辰巳(2000)[7]は、子どもの動線を生かした戸外の環境構成の実践事例を報告している。この園では、時期によって戸外の環境を変化させていた。登園児の子どもの動線を調べて、それをもとに、4・5月はチューリップの開花やチャボ(ニワトリの一種)

の抱卵に関心をもたせるため、6〜8月は夏野菜の栽培やプールに関心をもたせるため、それぞれの園庭内での位置を移動させていた。子どもたちは、登園して教室に向かうまでの道筋で、いろいろな環境と出会い、刺激され、関心をもつ。そして、荷物を置くやいなや園庭に飛び出していく、そのような様子が観察されていた。また、筆者が実習巡回で訪問した園であるが、園舎が職員室をコの字型に囲むような配置となっており、すべてのクラスの教室が見渡せるようになっていた。また、園舎内であるが、教室が、中央のホールを囲むように配置されている園もあった。そうすると、子どもたちは自然と他のクラスの活動を見ることができ、他の教室への行き来も頻繁になると考えられる。そのなかで、異年齢の活動への関心や、さまざまな子どもとのかかわりが生まれるだろう。さらには、保育者間の協力体制にもつながる。自分の担当クラスだけでなく、他のクラスの子どもともかかわりやすくなり、子どもを多様な側面から観察し理解することが可能となるだろう。

　次に人的環境としての保育者のかかわりの具体例をあげる。仙田(2000)[8]は、保育者が、子どもの興味や関心を共有し、子どもが喜びや充実感を味わうことを援助するという実践事例を報告している。その事例では、保育者がU男のしていること(バルタン星人ごっこ)を周囲に伝えるという援助を行っていた。U男は、1人で行動することの多い子どもであったが、その援助によって遊びの仲間ができ、さらに、U男がこの遊びの第一人者になることで、自己を発揮することができたようであった。保育者が実際にした援助は、どのような意味があるのかわからないままにもU男につきあってバルタン星人ごっこをしていたこと、U男にボール紙でバルタン星人のはさみを作ることを提案したこと、U男のイメージが表現されるようにはさみ作りを手伝ったこと、それを見た他の子どもたちも同じものを作れるように材料を多めに用意したことである。子どもと活動を共有することで、子どもにとっての意味を見出し、その活動が広がるように方向づける、そのような援助の重要性がよく実感できる例である。

　上述の具体例は、便宜的に物的・人的環境を区別して述べた。しかし、興味をひきそうなものをただ置いておくだけでは不十分であり、保育者がどのような言葉がけをし、どのようにかかわるかが重要となる。つまり、物的・人的環境の両者がともに必要であり、また、それらは関連をもっていなければならないということである。そのような環境の工夫によって、子どもは、主体的、自発的、意欲的に活動し、発達に必要な経験を積み重ねていくのである。

● 「第10章」学びの確認
①集団における役割、ルール、地位などを受け入れることが、子どもの発達の何に影響するのかについて説明してみよう。
②自己制御（自己のコントロール）の発達の過程をまとめてみよう。
③環境構成（保育環境の工夫）の際に、注意すべき事についてまとめてみよう。
●発展的な学びへ
①子ども同士の対立やいざこざが起こったときの、保育者のかかわり方が、どのような意図をもって行われていたかを考えてみよう。
②子どもたちのさまざまな集団活動を取り上げ、そこで子どもたちが何を経験し、何を学んだのかを考えてみよう。

引用・参考文献

1）荻野美佐子「人間関係の発達」無藤隆・柴崎正行編『保育講座19児童心理学』ミネルヴァ書房　1989年　pp.235－286
2）Ellis, S., Rogoff, B., & Cromer, C. C. 1981 *Age segregation in children's social interactions.* Developmental Psychology, 17, pp.399－407.
3）岡本依子・菅野幸恵・塚田-城みちる『エピソードで学ぶ乳幼児の発達心理学　関係のなかでそだつ子どもたち』新曜社　2004年
4）斉藤こずゑ・木下芳子・朝生あけみ「仲間関係」無藤隆・内田伸子・斉藤こずゑ編著『子ども時代を豊かに－新しい保育心理学』学文社　1986年　pp.59－111
5）柏木惠子『幼児期における「自己」の発達―行動の自己制御機能を中心に』東京大学出版会　1988年
6）高橋千枝「仲間関係・きょうだい関係」本郷一夫編著『発達心理学－保育・教育に活かす子どもの理解』建帛社　2007年　pp.113－124
7）辰巳正信「実践事例6　幼児の動線を生かした戸外の環境」神長美津子編著『計画的な環境の構成　幼児の主体性と保育の展開』チャイルド本社　2000年　pp.62－69
8）仙田晃「実践事例2　幼児の活動が精選される環境の構成」神長美津子編著『計画的な環境の構成　幼児の主体性と保育の展開』チャイルド本社　2000年　pp.30－37

●○● コラム ●○●

保育者の役割

　本章では、子どもが集団生活のなかで何を学ぶか、そして、それに対する保育者の援助のあり方などを述べた。このコラムでは、より広い意味での保育者の役割について述べたい。

　現代において保育者に期待される役割は多岐にわたっている。通園してくる子どもを対象とした保育だけではなく、保護者・家庭に対しても、さらに地域社会に対しても、保育者としての専門性を発揮することが求められている。ここには、2つの意味があると考えられる。

　1つは、子どもの保育を、園・家庭・地域社会で連携して行うということである。園・家庭・地域社会それぞれでの生活は、切り離された世界ではない。子どもにとっては連続した1つの体験であり、そのなかで子どもは育っていくはずである。園と家庭で子どもの様子を伝え合うこと、保育方針の共有、地域活動への参加、幅広い世代との交流、小学校との情報交換など、具体的にはさまざまな連携の仕方があり得る。

　2つ目は、保育者が家庭や地域社会を対象として子育て支援を行うということである。最近、家庭での保育力不足、保護者自身のコミュニケーション力不足などの問題が指摘されることが多い。子どもの健全な発育を考えるならば、子どもとかかわるだけでは立ち行かず、親支援が必要となってきている。さらに、少子化、核家族化などにより、家庭保育をしている親子が孤立してしまうケースもよく聞かれる。このような状況のなか、保育者の子育て支援の対象は、地域全体にまで拡大している。

　このようにみると、保育者の役割が多様すぎて、現実的には対応できないのではないかという懸念も出てくる。しかし、保育者がすべての状況において、リーダーとなり指導者となる必要はないだろう。保育者だけが保育し、子育て支援をするのではない。また、母親だけが保育をするのでもない。園で、家庭で、地域社会で、共に保育し、子育てを支援するという考え方や姿勢が大切なのではないだろうか。

第11章 就学に向けて（幼・保・小連携）

◆キーポイント◆

近年、幼児期からの家族関係や人間関係の希薄さから個人中心の考えが強まり、相手の立場に対する思いやりのなさが指摘されている。

幼児期は人間として、社会生活をよりよく過ごすための基盤をつくる重要な時期である。そして、その基盤づくりのため家庭を中心として、家庭を取り巻く地域社会との連携の強化も重要となっている。

本章では、幼児期から児童期への健全な発達をよりよく促進するための最初の段階としての、幼稚園・保育所集団から、小学校生活における学級集団への接続（幼児期の学びと小学校の学習など教育課程や内容をつなげる）と連携（幼・保・小の子ども同士の交流や教師と保育者との連携）のあり方について考える。

第1節 ● 子どもの就学に向けて ─就学までにめざすもの─

1 ── 幼稚園教育要領にみる幼稚園と小学校の関係

幼稚園教育要領[※1]の第3章には、指導計画作成上の留意事項の一般的な留意事項として「幼稚園においては、幼稚園教育が、小学校以降の生活や学習の基盤の育成につながることに配慮し、幼児期にふさわしい生活を通して、創造的な思考や主体的な生活態度などの基礎を培うようにすること」とある。

幼稚園は学校教育法で定められた、幼児期にふさわしい教育を行う場である。しかし、幼児期は小学校の教育の先取りをする場ではなく、小学校就学前の幼児一人ひとりに応じた健全な発達の促進を支援する場である。

具体的には、園での充実した遊びや生活を通して好奇心・探究心・創造力・感性などの基礎を培うことで、それが小学校への接続となっていく。また幼稚園修了が近い年齢においては、小学校入学を意識した教育を行い小学校生活に期待や意欲がもてる工夫が期待される。

※1 幼稚園教育要領
文部科学省の中央教育審議会は2006（平成18）年12月の改正教育基本法と2007（同19）年6月の学校教育法等の一部改正により、2008（同20）年2月現在、幼稚園教育要領の改訂を検討している。

2 ── 保育所保育指針にみる保育所と小学校の関係

2008（平成20）年2月現在、保育所保育指針は厚生労働省にて改定が審議されており、2007（同19）年8月には中間報告がなされている。そのなかにおいて、小学校との連携については「子どもの生活や発達の連続性を踏まえ、保育の内容の工夫を図るとともに、就学に向けて、保育所の子どもと小学校の児童との交流、職員同士の交流、情報共有や相互理解など小学校との積極的な連携を図るよう配慮すること」「子どもに関する情報共有に関して、保育所に入所している子どもの就学に際し、市町村の支援の下に、子どもの育ちを支えるための資料が保育所から小学校へ送付されるようにすること」となっている。今後は発達障害児やその周辺の子どもたちを中心として一層の小学校との連携や相互交流、そして子どもに関する情報の提供や共有が大切になってくる。

※2 保育所保育指針
1999（平成11）年に改定された内容に基づく。

保育所保育指針[※2]第11章「保育の計画作成上の留意事項」8項には、小学校との関係が以下のように記述されている。「小学校との関係については、子どもの連続的な発達などを考慮して、互いに理解を深めるようにするとともに、子どもが入学に向かって期待感を持ち、自信と積極性をもって生活できるように指導計画の作成に当たってもこの点に配慮すること」。ある保育所では年長の後半は昼寝の時間をなくし、行事などを中心に集団行動やルールを守る大切さなどを身につける就学に向けた保育計画を作成している。

3 ── 幼児教育振興プログラムにみる連携

文部科学省は2001（平成13）年から5年間の計画で幼稚園教育の条件整備などに関する実施計画として「幼児教育振興プログラム」を策定した。

そのなかに幼稚園と小学校の連携推進についての項目がある。項目の主なものとして、教員間、幼児・児童間、保護者との交流の推進があげられている。

このプログラムの考えを基本とした愛知県幼児教育研究協議会の「子どものすこやかな育ちを支える幼稚園・保育所と小学校の連携の在り方」（2006）によれば、現在実際に行われている幼・保・小の連携には、①子どもや教師（保育者）が互いの行事（運動会・発表会・展覧会）に参加する、②小学校の教育活動（給食、就学前授業参観、総合学習など）に園児が参加する、③教師（保育者）が就学前に懇談会をもち情報交換をする、などがあるが、実際は表面的であったり、継続性に欠けるなどの問題点も指摘されている。

教師や保育者の連携においては、両者とも連携や交流は大切で必要であると感じているが、その感じ方にも食い違いがみられる。

例えば、保育者は子ども一人ひとりに目を向け、それぞれが周囲の状況に適応し、自己表現できることをめざし、小学校生活においても一人ひとりにきめ細かな指導を期待している。

一方、教師側では、スムーズに学校生活に慣れることや、気がかりな子どもの情報提供などを期待し、小学校生活での集団づくり、学級づくりを中心として、豊かな人間関係が形成されるよう期待している。

文部科学省の研究指定を受けた、A幼稚園とB小学校の連携の実践事例をみると、保育者・教師による情報交換会（年2回）、5歳児担当の保育者と小学校1年生の担任との合同研修会（年2回）が行われている。さらには幼稚園の保育に小学校教師が参加、小学校の授業に保育者が参加する合同授業（年2回）、5歳児と小学校1年生との行事による交流会（年2回）などが実践され、実践を通して相互のよさの認識や自らの改善すべき点などの気づき、子どもを中心としての保育者・教師の共通理解や連携の基礎づくりができたとの報告もみられる。

4 ── 就学までにめざすもの

「幼稚園教育要領」「保育所保育指針」「幼児教育振興プログラム」でみてきたように幼・保・小の接続と連携の問題は今後も積極的に考えていくことが期待される。

そして、就学前の幼児と保護者が、小学校入学を期待や自信をもって迎えられるようにするには、保育者や教師がそれぞれの立場の違いを理解し、尊重し、子どもたちの相互交流や職員間の研修、情報交換を積極的に進めることが必要不可欠である。

第2節 ● 就学前の気がかりな子への支援と連携

1 ── 乳幼児健診での発見

日本における健康診査では、小児科医、看護師、保健師、栄養士、保育士、臨床心理士がチームを組み、それぞれの立場から健康診査を行う。特に法律

で義務づけられているのは、1歳6か月児健診と3歳児健診である。

　これらの健診は、障害児の早期発見に役立つ。健診の内容としては、身長、体重、聴覚、視覚、歯、栄養などの身体発達に関することや、運動発達、言語発達、言語理解、母子関係、情緒発達など精神発達に関する状況など心身の両面を対象とする。これらの健診で、障害が疑われる場合は保健師が継続的に家庭訪問をするなどして発達状況を保護者とともに確認していく。また、母親の育児に関する不安や疑問についてもそれぞれの専門家が相談にのる。

　3歳児健診時において障害の疑いがみられた場合、健診事後指導として、月1回程度1年間を目途に母子を対象としての発達支援教室が開かれる。そこには、保健師、保育士、臨床心理士が参加し、幼児の遊びの様子を観察し、また母親相談などを行うなかで障害児の発見に努める。そこで、強く障害が疑われる場合は医療機関への受診を促すこともある。

2 ── 広がる5歳児健診

　法律では3歳児健診と就学前健診が義務づけられているが、最近5歳児健診を独自に行う市町村が増加している。その背景には3歳児健診や就学指導委員会で見落としがちなAD／HDやアスペルガー障害など広汎性発達障害が疑われる子どもを発見し、早期に支援する体制を確立するという目的がある。

　例えば、長野県の駒ヶ根市は毎月5歳児健診を行っている。健診は問診、歯科検診以外に複数の集団遊びを行い、集団参加の様子を専門家と親が観察するシステムである。集団遊びの観察内容として、絵本の読み聞かせをするなかで「集団のなかで座って聞いていられるか」、フルーツバスケットでは「遊びのルールが理解できるか」など5歳前後で可能な集団適応力、社会性をみる項目が設定されている。気がかりな子どもには親の了解を得て、さまざまな支援ができるようにしている。

　また鳥取県では、1996（平成8）年から5歳児健診に取り組み、その取り組みが徐々に口コミで市町村に広がり、2007（同19）年度は100％の実施率となっている。その方法として特に支部では、5歳児健診を5歳児発達相談として行っている。同県が2005（同17）年度に実施した5歳児健診では96.8％の子どもが受診し、その結果AD／HD（疑いを含む）4.7％、広汎性発達障害2.4％、学習障害0.2％、その他軽度の発達障害の疑いとされた子ども9.6％など、3歳児健診で見過ごされていた子どもを新たに発見することができたと報告している。

このような広がりをみせる5歳児健診は、就学に向けた取り組みの手段として、気がかりな子を小学校につなげていく点からも有効であり、今後も各市町村に広がると思われる。

3 ── 通園施設での支援

　医療機関において、知的障害、自閉症あるいは広汎性発達障害などの診断が判明した場合、保育所、幼稚園に通園する前段階として障害児専門の通園施設に通うこともある。しかし、日本はまだ市町村によって通園施設が設置されている所と、設置されていない所がある。

　通園施設では、遊びを中心に基本的な生活習慣の確立や対人関係の確立、情緒発達の促進などきめ細かなプログラムが用意され、さらには定期的に理学療法士や言語療法士による支援も行う。そして、実際に母子でかかわるなかで母親の子どもへの理解の助言や育児相談なども並行して行っている。また、並行して幼稚園や保育所に通いながら障害児通園施設にも通うなど2本立てで支援を受ける子どももいる。

　通園によって、基本的な生活習慣の確立やコミュニケーション方法の獲得、仲間集団でのかかわりなどを身につけることは、就学後の学級集団や学校生活に子ども自身が適応していくためにも大切である。

4 ── 幼稚園・保育所における支援

　近年、日本の幼稚園・保育所においては、広汎性発達障害が疑われる乳幼児が数多く報告される傾向にある。しかし、幼児期は障害の診断名が確定しない場合も多い。また、障害が発見された場合、その対策も市町村によって格差がある。

　名古屋市は、1978（昭和53）年から保育所における障害児の統合保育を実施し、その制度・研修・保育実践などに取り組み、大きな成果をあげている。その制度は巡回指導員制度と呼ばれ、臨床心理学や障害児教育・児童精神科医の医療の専門家が市内の保育所を年2回程度巡回し、障害児を観察したり、保育者の相談や保護者の相談など受けながら実際の保育現場で助言指導を行うというものである。その結果、現場の保育者の専門性も高まるなどの効果もみられている。このような取り組みの広がりによって、子どもたちの幼稚園・保育所生活から学校生活への移行がスムーズになされることが期待できる。

第3節 ● 就学における保護者からの相談例

1 ── 小学校入学後に子どもの様子が心配になった母親

　小学校に入学した子どもたちの何人かは授業中に騒がしかったり、教室内を歩き回ったりしていたが、クラス全体が落ち着きはじめるとその行動も徐々になくなっていった。しかし、A君だけは教室の床に寝転んだり、席に座っていることができなかったり、友だちを叩いたりする行動が絶えなかった。クラスの担任が、母親にA君のクラスでの様子を伝えたところ母親は驚き、担任の話を疑った。半年が経過し、A君は床に寝転ぶ回数は減ったが、席を離れたり友達にちょっかいを出すことは依然として続いていた。
「A君への支援」
　筆者が担任からの依頼で母親と面接することになった。面接では次のような話が母親から報告された。A君は家では何も問題なく、就学前に通所していた保育所でも特に何も指摘されることはなかった。A君が通っていた保育所は自由保育で子どもたちは元気いっぱいに遊んでいたので、母親はA君の様子を見ても他児と何も変わらず、保育士からも何も言われなかった。そのため、小学校入学に関しても何も心配はしていなかったという。
　しかし、入学後半年経ち、A君の行動についての担任からの報告や授業参観での行動を見て、初めて心配や不安になったとのことであった。母親としては保育所に通っているときに行動に気づけたり、保育士と話し合いができていたらよかったと話し、小学校にもつなげていけたら小学校に不信感をもたず協力できたと思うと言った。その後、筆者と担任、保護者が連携しA君を支援することになった。

2 ── 自閉症が疑われたB君が普通学級に入れるか不安を語った母親

　幼稚園に通う6歳のB君は自閉症が疑われていたが、こだわりやコミュニケーションのとりにくさなどはあるものの、園生活ではそれほど困ることはなかった。一方、母親は翌年の就学に向けて、普通学級に入れるか特別支援学級にするか迷っていた。筆者との面接のなかで母親は、小学校にB君を連れ学校見学に行ったとき、B君を見たある教師から「大変な子どもさんだからねー」と普通学級は難しいとの印象を言われ、がっかりしたとそのときの

胸の苦しさを話した。
「B君への支援」
　筆者との面接が進むなかで、母親は、B君の将来やクラスでの仲間関係を考えると小学校低学年くらいは普通学級で学ばせたいと強く希望し、再度小学校やその関係者にB君の様子を理解してもらい、普通学級に入学させたいとがんばる意欲をみせてくれた。筆者も、母親に再度小学校への見学や面談を勧めるとともに、幼稚園の園長にも協力を依頼した。

3 ── かんもく児Cちゃんへの対応と母親相談

　Cちゃんは保育所に通所する当時かんもく傾向にあった。しかし、家では家族とよく話をするし、何も困ることはなかった。園でも1人仲のよい友達がいて、その子どもとはよく遊び、話もしていた。お母さんは就学すれば、少しは変わるのではないかと考えていた。

　ところが、小学校入学後Cちゃんは、まったくしゃべらず、動けず、トイレにも行けず、クラスでも立ったままであった。さらに担任は新任であり、かんもく児と接することも初めてであった。入学後2か月ごろ、担任が困り果て筆者のもとに来談した。就学前には、特に保育所から小学校への申し送りもなく入学したため、学校や担任も十分状況を把握していなかった。
「Cちゃんへの支援」
　担任に対しては、かんもくに対する理解と援助方法を定期的に助言し、さらに校長や養護教諭らと話し合い、学校としての協力体制の整備をお願いした。

　母親との面接で話を聞くと、担任から連絡があるまで、学校での様子は知らなかったという。また、保育所では何とかやれていたので、入学後もできると思っていたとのことであった。面接が進むにつれ、夫方の祖母が育児に口や手を出し、母親はほとんどCちゃんを養育した経験がなかったと語った。またCちゃんの父親もCちゃんに似た様子であり、人間関係が苦手で、家でもあまりしゃべらないうえ、子どもともほとんど遊ばないため、母親はいろいろと不満があったと話した。

　その後Cちゃんは、学校の雰囲気には徐々に慣れ、放課後は友達からの誘いで外で遊んだり、クラスの子の世話などで少しは動けるようになっていったが、依然として、かんもくは続き、教室でも教科書を開くことや書くことは一切しなかった。

　しかし、家では行動が活発になり、母親に甘えてくることも多くなった。

そして、母親も積極的に育児をこなすようになり、母子関係も良好で、母親自身も子育てに実感がもてるようになった。

また、家庭と学校との連携の強化や、Cちゃんに対する特別支援プログラムなどが用意されるなど、支援体制も整っていった。

● 「第11章」学びの確認
①幼・保・小の連携のあり方を具体的に考えてみよう。
②保護者から就学相談があった場合の対応を考えてみよう。
● 発展的な学びへ
①保育所と地域小学校との連携や交流が実際どのように行われているか調べてみよう。
②子どもに関する情報や共有は、個人情報保護の観点からどのように行うことが、より適切か検討してみよう。

引用・参考文献

1) 「幼稚園教育要領」平成10年12月14日　文部省告示第174号　フレーベル館
2) 「幼稚園教育要領解説」平成11年6月　文部省　フレーベル館
3) 「保育所保育指針」平成11年改定　フレーベル館
4) 厚生労働省「保育所保育指針の改定について」（中間報告）平成19年8月3日
5) 「幼児教育振興プログラム（3）幼稚園と小学校の連携の推進」平成13年3月29日　文部科学大臣決定
6) 無藤隆・麻生武編『教育心理学』北大路書房　1991年
7) 愛知県教育委員会義務教育課・幼児教育研究協議会「平成15・16年度報告　子どものすこやかな育ちを支える幼稚園・保育所と小学校の連携の在り方」2005年
8) 長野県駒ヶ根市役所ホームページ
9) 鳥取県ホームページ「きこえとことばの発達情報室」
10) 厚生労働省ホームページ「軽度発達障害児に対する気づきと支援マニュアル」
11) 大阪ボランティア協会編『福祉小六法』中央法規　2003年

●○● コラム ●○●

小1問題とは

　「小1問題」あるいは「小1プロブレム」とは、小学校へ入学した子どもが集団から孤立したり、自己中心的な行動や態度が目立ち、学校での授業が成り立たない問題をいう。具体的には教室を飛び出す、先生の話が聞けず騒ぐ、教室の床に寝転ぶ、自分の欲求を押し通すなどの行動である。この現象は1990年半ばごろから「小1がおかしい」といわれるようになったことに始まる。2000（平成12）年ごろから中学校や高等学校での「学級崩壊」が問題になり、注目されるようになった。一方、小学校1年生の問題行動は中学・高校の崩壊の様子とは異なるという調査・研究報告から「小1問題」といわれている。その原因としては、子どもたちを取り巻く社会状況の変化、親の育児の変化、就学前の教育と就学後の教育のギャップではないかといわれている。その点でも幼・保・小の接続と連携は重要である。

第12章　家庭ぐるみの教育的支援

◆キーポイント◆

　急速な勢いで多様化する現代社会のなかで、小さな子どもを抱えた家庭は大なり小なりの育児に関する問題を抱えている。人間同士の関係が希薄化してきている今日においては、問題を抱えている家庭が、一昔前のように地域社会のなかから自然発生的に支援されることを期待するのは難しくなってきている。そのため、今日の保育現場では、子どもに対する直接的な支援に加え、保護者を含めた家庭全体に対する支援も求められるようになってきている。
　本章では、まず子どもの社会的発達とそれに対して家庭、特に保護者が本来どのような存在であり、どのような役割を果たすのかについて学ぶ。次に、多くの問題を抱えた家庭が子どもの社会的発達に関して十分本来の役割を果たせるよう、保育者がカウンセリングによる支援をする際の基本的な態度・知識を学ぶ。

第1節　● 対人関係のはじまりとしての家庭

　「対人関係」という観点からみると、一昔前までは生まれたばかりの新生児は全くの無力な存在と思われがちであった。しかしながら、近年さまざまな研究によって人は生まれた直後から社会的環境に適応していくための能力をもっていることが示されるようになってきた。それらの研究のなかで特に重要な役割を果たしたのが、ボウルビィ（Bowlby）の愛着理論である。

1 ── 愛着理論

　愛着（attachment）とは、子どもが特定の人との近接を求め、またそれを維持しようとする傾向、あるいはその結果確立される情緒的絆そのものをいい、子どもにとって社会的発達の基礎となる。この愛着を形成するために子どもが対象（保護者）との近接を求め、これを維持する行動を愛着行動といい、以下の3つに分類される。

①発信行動
　泣く、微笑など保護者を自分の所に呼び寄せるための行動。

②定位行動

注視、後追いなど自分の周囲に保護者がいるかどうかを確認するための行動。

③能動的身体接触行動

保護者に対する抱きつき、よじ登りなど積極的に接触する行動。

愛着を形成するためにこのような愛着行動を保護者、特に母親に対して子どもは誕生直後から能動的に起こしており、その内容も子どもの認知や身体機能の発達および保護者との相互作用の増加に伴って以下のように変化していく。

●第1段階（誕生から3か月）

人を弁別する能力が未熟なため、母親以外の人に対しても広く発信・定位行動を向ける。

●第2段階（3か月から6か月）

母親など一部の人をその他の人から区別することができる。そのため母親を対象とした発信・定位行動が多くみられる。同時に人見知りが始まる時期でもある。

●第3段階（6か月から3歳）

弁別能力が発達するため、母親などの特定の人物にめがけて、はっきりとした発信・定位行動をする。また能動的身体接触行動も多く発現するようになる。

●第4段階（3歳以降）

愛着が子どものなかに内在化するため、愛着行動は減少する。子どもにとって母親は安全基地（secure base）になるため、子どもは安心して外界を探索・冒険することができる。そのため子どもの行動範囲が広くなる。また母親以外の人間に対しても交流ができるようになり、次第に対人関係が広がっていく。

2 ── ストレンジ・シチュエーション

エインズワース（Ainsworth）は、愛着のタイプを測定するためにストレンジ・シチュエーション法を開発した。子どもがいる部屋に、母親とストレンジャー（見知らぬ人）が入退室する際の子どもの様子から愛着のタイプを観察するものである（図12-1）。

この実験に参加した子どもたちの反応は、大きく分けて以下のように分類

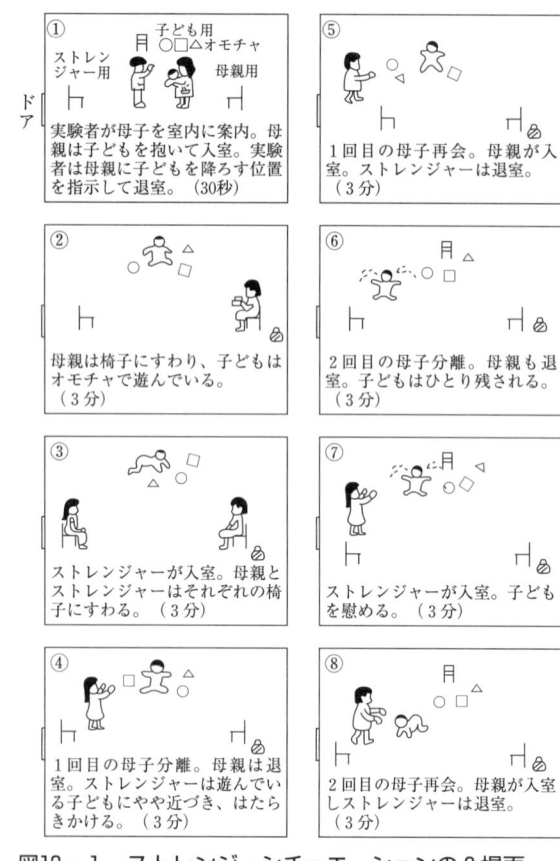

図12－1　ストレンジ・シチュエーションの8場面
資料：繁多進『愛着の発達』大日本図書　1987年

されている。

① Aタイプ（回避型）
　母親の退室に対して抵抗をしない。また母親が戻ってきても無視する。母親とかかわりのある行動が少なく、母親を安全基地とした探索行動もない。

② Bタイプ（安定型）
　母親の退室に対して激しく抵抗する。母親との再会を喜び、強く身体的接触を求める。母親を安全基地とした探索行動がみられる。

③ Cタイプ（アンビヴァレント型）
　母親の退室に対して激しく抵抗する。母親との再会時に強く身体的接触を求めつつも、怒りもみせるアンビヴァレントな行動を示す。母親に対して執拗に接触し、母親を安全基地とした探索行動もあまりない。

アメリカの１歳児を対象にしたエインズワースの研究では、Ａタイプが21％、Ｂタイプが67％、Ｃタイプが12％を占めると報告されている。またその後の研究で、子どもの行動に一貫性や整合性のないＤタイプ（無秩序型）の存在も提唱されている。

3 ── 基本的信頼感

愛着と類似した概念に「基本的信頼感」というのがある。これは人生の発達段階を重視したエリクソン（Erikson）によって提唱されたものである。彼は人間の生涯にわたる発達を８段階に分け、各発達段階にはそれぞれ発達課題があると説明している（表12－１）。まず私たちは、最初の段階（乳児期）で、最も重要な発達課題である「基本的信頼感」を獲得しなければならない。「基本的信頼感」とは、この世は温かく、他者は信頼してもいい、自分は望まれて生まれてきたという、人間世界全般に対する安心感のようなものである。この基本的信頼感を保護者との関係から獲得し、それを土台にして以降の発達課題を獲得することになるため、子どもにとって保護者は非常に重要な存在となる。

表12－１　エリクソンの心理・社会的発達段階

発達段階	心理・社会的危機	特徴
乳児期 （１歳）	基本的信頼感 対 基本的不信感	母親の養育が適切であれば信頼が生じ、不適切であれば不信が生じる。
幼児前期 （１～３歳）	自律性 対 恥・疑惑	筋肉が成熟し、自律的になる。失敗すれば恥を感じ、おとながいつも疑惑の目で見ていると感じる。
幼児後期 （４～５歳）	自発性 対 罪悪感	知的、身体的に成長し、自発的に行動する。幼児的な願望をもつことには罪悪感をもつ。
児童期 （６～11歳）	勤勉性 対 劣等感	勤勉に読み・書きなどの基本的事項を習得する。失敗すれば劣等感をもつ。
青年期 （12～18歳）	同一性 対 同一性拡散	自分が連続性をもち、同じ自分であることを知る。失敗すれば自分を見失い、役割の混乱が起こる。
成人前期 （19～35歳）	親密性 対 孤立性	他人と友好的な関係を維持できる。失敗すれば孤独になる。
成人期 （38～50歳）	生殖性 対 停滞性	子どもを生み、次の世代の養育に関心をもつ。これができないと自分のなかに閉じこもる。
成熟期 （51歳以上）	統合性 対 絶望感	人格的に統一される。これに達しなければ死の恐怖、人世に対する悔恨と絶望が起こる。

資料：辰野千寿『系統看護学講座　基礎６　心理学』医学書院　1998年を一部改変

4 ── 現代の家庭が抱える問題

(1) 社会化のエージェント不足

　子どもの社会的発達を支援する人を社会化のエージェント（agent：推進者）という。この社会化のエージェントには、母親をはじめ、父親、兄弟姉妹、祖父母、親戚の人、近所の人、友人、保育者などがあげられる。近年わが国では、少子化・核家族化、近所づきあいの減少などに伴い、社会化のエージェントの数が減少している。家庭内での子ども数の減少に伴い、兄弟姉妹同士の交流が容易にできなくなってきている。また、核家族に伴い、祖父母との接触が減少し、近所づきあいの減少から近所の人が社会化のエージェントとして十分に機能していないのが現状である。そのため、小さな子どもにとって社会化のエージェントは、保護者と保育者だけになりがちである。

(2) 保護者の養育力の弱体化

　子どもの社会化のエージェントとして最も重要な存在が保護者である。しかしながら、母親の就業率の増加、家庭内における父親の存在の希薄化、離婚率の増加などから、子どもが保護者との間で確固たる愛着を形成できにくくなったり、基本的信頼感を十分に獲得できにくい状況になってきている。このような問題を抱える現代の家庭に対して、保育現場からの教育的支援が期待されるようになってきている。

第2節 ● 保育者のカウンセリングマインド

　カウンセリングマインドとは、カウンセリングをする際の姿勢を説明するために心理学領域でつくられた和製英語である。この言葉の定義は、使用する場面によって幾分か異なっているが、「援助する相手との関係を大切にする姿勢」という点は共通している。この言葉が保育の領域に導入されるようになったのは、1990年代からである。

1 ── カウンセリングの基本的態度

　カウンセリングは、「言語的および非言語的コミュニケーションを通して、行動変容を試みる人間関係」と定義される。この人間関係のなかで援助する人をカウンセラー（counselor）、援助される人をクライエント（client）という。保育現場でカウンセリングを行う場合は、保育者がカウンセラー、保護者がクライエントになる。

　これまでわが国のカウンセリングに絶大な影響を与えてきたのが、ロジャーズ（Rogers）の理論である。彼のカウンセリングは、「非指示的（non-directive）」と呼ばれていたが、後にクライエントの心理的成長を強調するために「クライエント中心（client-centered）」と呼ばれるようになった。彼によるとカウンセリングが効果をもつためには、以下の6つの条件が必要だとされている。

①クライエントとカウンセラーが心理的接触をもっていること
②クライエントは、援助の必要な状態にあること
③カウンセラーは、関係のなかで一致、統合していること（誠実であること）
④カウンセラーはクライエントに対して、無条件の肯定的な配慮を経験していること（温かく受けとめていること）
⑤カウンセラーはクライエントを共感的に理解していること
⑥カウンセラーからクライエントに、④と⑤を伝達できていること

　この6つの条件をふまえ、実際にカウンセリングをするうえでの留意点を以下に述べる。

(1) ラポールの形成

　カウンセラーとクライエントとの間に形成される信頼関係のことをラポールという。このラポールが形成されると、両者の間で温かい感情の交流が可能となり、クライエントは気持ちを自由に表現できるようになる。そのためカウンセリングの全過程でラポールの存在は非常に重要になってくる。特にカウンセリングの開始時期に、このラポールが形成されるかどうかがその後のカウンセリングの進展に大きな影響を及ぼすため、カウンセラーはラポール形成のため努力する必要がある。

(2) 傾　聴

　クライエントの語る言葉にていねいに耳を傾けるだけではなく、その際の

非言語的な表現（表情、仕草、声の調子など）もふまえて総合的にクライエントを理解しようとする姿勢を傾聴という。文字にすると同じ表現でも、非言語的な表現次第で、クライエントが伝えたい内容が異なってくる。そのためカウンセリングをする際、クライエントの言語・非言語の両方の表現を総合的に理解しなければならない。このような点からカウンセリングでは、クライエントの話を「きく」際に、「聞く（hearing）」ではなく、注意深く耳を傾けるという意味で「聴く（listening）」という言葉を使用することが多い。

　また傾聴する際に、「はい」または「いいえ」でクライエントが答えられるような「閉ざされた質問」をするよりも、「そのとき、どう感じましたか？」というようなクライエントの本音をより引き出すことのできる「開かれた質問」をすることで、クライエントが自由に自分の気持ちを表現できるように工夫する。ただし、「なぜ？」も「開かれた質問」ではあるが、使い方やタイミングを間違えると、クライエントがカウンセラーに非難されていると感じてしまうので注意が必要である。

(3) 共感的な応答

　クライエントの私的世界をカウンセラーは、「あたかも自分のものであるように」感じとり、そのことをクライエントに伝えることは大切である。このようにカウンセラーがクライエントに対して共感的な応答をすることで、クライエントは自分のことが知的にも感情的にも「わかってもらえている」という感覚をもつことができ、安心して話ができるようになる。ただし、共感的な応答をする際、カウンセラーがクライエントの言った言葉をそのまま機械的にオウム返ししないように注意しなければならない。クライエントが表現した内容を自分なりにかみ砕いてクライエントに伝えることで、お互いの理解を深めるのと同時に、カウンセラーが勘違いしたたままカウンセリングが進行するのを防ぐこともできる。

(4) アセスメント

　問題を十分把握しないまま、いたずらに傾聴を続けたり、根拠のない励ましを繰り返したり、単に「子どもの成長を信じて様子をみましょう」とカウンセラーが言うことで、問題の解決を遅らせ、逆に問題を複雑にしてしまう恐れがある。そのため問題を正確に把握するための効果的なアセスメントが必要である。心理テストを使用してアセスメントする方法もあるが、ここでは保育現場で効果的に問題の把握ができるよう、以下のような５Ｗ１Ｈの観点から紹介する。

①Who（誰が）

まず誰が困っているのか、誰が問題なのかを把握する必要がある。この「誰」は、子どもであったり、保護者であったり、時には保育者自身の場合もある。

②What（何を）

何が中心的問題なのかを理解する必要がある。子どもの登園渋りなどの背後に、もっと本質的な問題が隠れていたりするため、表面的なことに気をとられすぎないよう留意しなければならない。

③When（いつ）

その問題がいつから起きているのかを把握すると同時に、どのような状況でその問題が発生した（または、している）のか、も把握する必要がある。

④Why（なぜ）

その問題がなぜ起きた（または、起きている）のか、①の「誰」はなぜ悩んでいるのかを把握する必要がある。

⑤Where（どこで）

問題が起きた（または、起きている）のは、家庭のなかなのか、園のなかなのか、その他の場所なのかを把握する必要もある。問題の場所によって、解決の手助けとなる人物や機関を取捨選択できる。

⑥How（どのように、どの程度）

どのような経緯で問題に至ったのか、またどの程度問題なのかを把握することで、対処の方法が異なってくる。問題が大きすぎて対処できない場合は、他の機関に問題解決を委ねる必要が出てくる。

(5) 守秘義務

児童福祉法（第18条の22）に、「保育士は、正当な理由がなく、その業務に関して知り得た人の秘密を漏らしてはならない。保育士でなくなつた後においても、同様とする」という守秘義務が明記されている。このように保育現場で知り得た個人情報は、命や法律にかかわるなどの正当な理由がない限り、部外者に漏らしてはならない。この義務を守ることで、クライエントは安心して自分が抱えている問題を話すことができる。

2 ── カウンセリングの理論

現在のカウンセリングには、さまざまなアプローチが存在する。そのなかで最も効果があるとされているのが、認知行動的アプローチである。

認知行動的アプローチを理解するうえで最も重要な枠組みがABCモデル

である（図12−2）。きっかけとなる出来事（A：Activating Events）が、その人独特の認知（B：Belief）を活性化させ、落込みなどの結果（C：Consequence）に導くというものである。

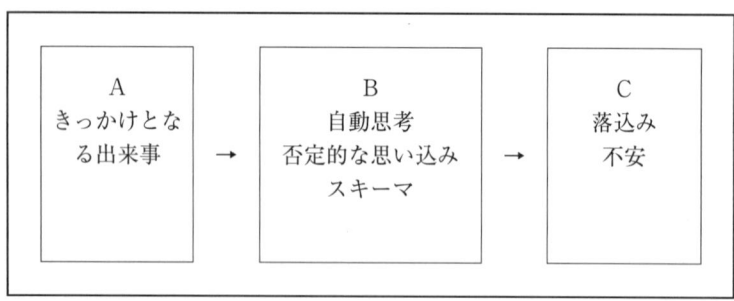

```
┌─────────────┐   ┌─────────────┐   ┌─────────────┐
│      A      │   │      B      │   │      C      │
│ きっかけとな │ → │   自動思考  │ → │   落込み    │
│ る出来事    │   │ 否定的な思い込み │   │    不安     │
│             │   │   スキーマ  │   │             │
└─────────────┘   └─────────────┘   └─────────────┘
```

図12−2　ABCモデル

　他者からみて特に問題のない状況で、もし過剰に落込みや不安を感じる場合、ABCモデルのBの部分が非現実的に歪んでいる可能性が高い。Bは三層になっており、心の深層に存在する信念のような部分をスキーマ（例：「私は完璧な母親でなくてはならない」）といい、このスキーマがA（例：ちょっとした失敗）によって活性化されて、否定的な思い込み（例：「いつも私はミスをする」表12−2）をするようになり、最終的には心の表層に自動思考（例：「自分はだめな親だ」）が心のなかにわき上がってくると考えられている。

　認知行動的アプローチでは、以下の「認知」と「行動」に焦点を当ててカウンセリングを行う。

表12−2　否定的な思い込み（クライエントが保護者の例）

全か無か思考（all or nothing）	物事を白か黒かという極端な判断をしてしまうこと。中間がないため、子どもを「いい子（100％問題なし）」か「問題のある子」のどちらかに分類しようとしてしまう。どんな子どもでも100％問題のない状態を維持することはできないので、保護者は自分の子を「問題のある子」と判断してしまいがちになる。
「べき」思考	自分に対しても、周りに対しても、「こうあるべき」という硬直した完全主義的な考えをもつこと。子どもに対して、高い要求を突きつけてしまったり、自分自身に対しても「よい親であるべき」という必要以上に高い要求をしてしまい、苦しむことになる。

過大評価と過小評価	自分や子どもの欠点や失敗を過大に評価し、長所やうまくいったことを過小に評価してしまうこと。
個人化	自分に関係のないことまでも、自分の責任と考えてしまうこと。
過度の一般化	「みんなが私のことをのけ者にしている」「いつも私は失敗ばかり」というように、ちょっとした行き違いや失敗を過剰に普遍化してしまうこと。
結論の飛躍	客観的な結果が出る前に、否定的な結論をすぐに出してしまうこと。例えば、予定していた時間に友人から電話がないだけで、嫌われていると判断してしまうようなこと。

(1) 認　知

　自分を苦しめる考え方を検討し、適応的な考え方へと修正を試みることを「認知再構成」といい、下記の3カラム法（表12-3）を使用すると便利である。

　まず、「状況」のカラムに自分が落込んだ状況を詳しく書いてみる。次に「自動思考」のカラムに、わいてきた自動思考を記入し、そのとき感じた落込みの強さを数字で表現する。3番目の「適応的思考」のカラムに、現実的かつ自分を無用に苦しめない考えを記入する。このとき、自動思考に対して①「そう考える根拠は何か？」、②「そう思われる確率はどれくらいか？」、③「たとえ、人からそう思われたとして何が起きるのか？」、④「別の見方は

表12-3　3カラム法の例

状況	自動思考	適応的思考
注意したのに、子どもがテレビを見続けている	・自分はだめな親だ ・しつけも満足にできない ・親として失格だ 　　　落込み　80%	・注意の仕方が不十分だったので、子どもに伝わっていないだけ ・勝手に自分を責めるのではなく、子どもと話し合うほうがよいのでは。 　　　落込み　30%

ないか？」、⑤「別の人が同じような状況にいたら、あなたはその人を同じように判断するのか？」のような質問を自分自身に投げかけると適応的思考が出てきやすい。適応的思考を記入した後、改めてその状況でいま記入した適応的思考をしてみたら、どのぐらい落込みを感じるかを予想して数字で記入する。なお、自分が納得できる適応的思考が記入できた場合、落込みの数字はかなり減少するが、この数字があまり下がらない場合は、納得のいく適応的思考が書けていないことを示している。

　一般的なカウンセリングでは、この認知再構成をクライエントに宿題として課し、ノートに記入してもらうことが多い。保育現場ではこのような作業を保護者にしてもらうことが難しいため、保育者がこの認知再構成をふまえて、カウンセリングをするとよい。

(2) 行　動

　認知再構成を行っても、「頭ではわかるが、しっくりこない」と感じる人も少なくない。そのため認知行動的アプローチでは、その人の行動を通して得られた体験も重視している。実際のカウンセリングでは、クライエントに行動実験してもらうことも多い。実際にやってみることで、「いつも失敗する」と思い込み、何もしないでいるクライエントが、自分の考えの誤りに気がつくことも多い。保護者は自分がどう動いたらよいかわからないまま悶々としている場合も多いが、保育者が効果的な行動実験を提供することで問題解決につながりやすくなる。

第3節 ● 保護者（親）への教育的相談

1 ── 特殊な環境でのカウンセリング

　保育の現場では、子どもから相談をもちかけてくることはほとんどなく、カウンセリングの必要が生じる事態は大まかに以下の4つに分類される（青木、2002）。
①保育のなかで、子どもの心身の発達状況に問題が感じられるとき
②日常の保育の流れのなかでは対応できないような問題行動を呈するとき
③家庭に問題が感じられるとき
④保護者から相談の申し出があるとき

一般的なカウンセリングは、クライエントから相談をもちかけることで始まる。それに当てはまるのは上記の４つの事態のうち、④のみである。その他の３つの事態からもカウンセリングが開始される保育現場は、特殊な環境であるといえよう。

　①から③の場合、保育者が保護者に対して働きかけなければカウンセリングが開始されないので、カウンセリングを導入するまでの下準備や工夫が必要になってくる。また保育の現場では、話が中断される心配がない個室で保護者と一定の時間をとって、定期的にカウンセリングができるような設定はなかなかできない。子どもの送り迎えの際の短い時間に、園庭など１対１の関係が中断されやすい場所で、保護者にカウンセリングをするのはかなりの工夫が必要である。そのような限られた環境でも、保護者に対して保育者がカウンセリングマインドをもって接することで両者間にラポールが形成され、問題解決への出発ができる。

　保育現場では、カウンセリングが保育者からの呼びかけによって始まることが多いため、保護者に対して理想やアドバイスを押し付けてしまいがちになる。しかし、まずは保護者の立場を尊重して傾聴、共感的な応答を心がけなければならない。保護者とのラポールが形成された後、時期をみて認知行動的アプローチをふまえたカウンセリングをすると効果が得られ、問題を解決につながる。

2 ── カンファレンスとスーパービジョン

　相談を受けた保育者が、自分ひとりの力で問題を解決できる場合も多いが、えてして個人の力では解決できない問題のほうが多い。そのような場合、カンファレンスを開いて、同じ現場のスタッフ間でその問題について話し合い、適切な問題解決案を見出す必要がある。また定期的に各保育者が抱えているケースにおける適切な対処のあり方を話し合うことで、我流のカウンセリングにならないようにすることも重要である。さらには、カウンセリングに熟達した人（スーパーバイザーという）を招いて、指導を受ける（スーパービジョンという）のも１つの方法である。また保育現場では対応しきれない相談内容の場合、適切な時期をみて子育て支援センター、児童相談所、保健所、医療機関などの他機関を保護者に紹介することも必要である。

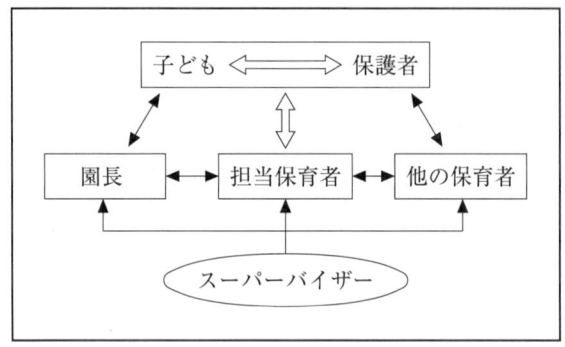

```
┌─────────────────────────────────────┐
│         子ども ⇔ 保護者              │
│             ↕                        │
│   ┌─────┐  ┌────────┐  ┌────────┐   │
│   │園長 │↔ │担当保育者│↔│他の保育者│  │
│   └─────┘  └────────┘  └────────┘   │
│       ↖        ↑        ↗           │
│          ╭──────────╮                │
│          │スーパーバイザー│            │
│          ╰──────────╯                │
└─────────────────────────────────────┘
```

図12-3　スーパーバイザーの位置づけ
資料：冨田久枝・杉原一昭編『保育カウンセリングへの招待』北大路書房　2007年を一部改変

● 「第12章」学びの確認
①子育てに関して、現代の家族が抱えている問題を具体的にあげてみよう。
②カウンセリングという点では特殊な環境といえる保育現場で、保護者に対してカウンセリングをする際に工夫をしなければならないと思われる点をあげてみよう。
● 発展的な学びへ
以下の順序で3カラム法を体験してみよう。
ステップ1：今までに落ち込んだり、不安になったりした状況を最初のカラムに書いてみよう。
ステップ2：そのとき、自分を苦しめた「こころのつぶやき（自動思考）」を次のカラムにいくつか書き出してみよう。
ステップ3：自分を苦しめない考え方（適応的思考）を3番目のカラムにいくつか書いてみよう。

引用・参考文献

1）岸井勇雄・無藤隆・柴崎正行監『発達の理解と保育の課題』同文書院　2003年
2）辰野千寿『系統看護学講座　基礎6　心理学』医学書院　1998年
3）冨田久枝・杉原一昭編『保育カウンセリングへの招待』北大路書房　2007年
4）二宮克美・繁多進他『たくましい社会性を育てる』有斐閣　1995年
5）橋本敞・福永博文・伊藤健次編『子どもの理解とカウンセリング』みらい　2001年
6）繁多進・青柳肇・田島信元・矢澤圭介『社会性の発達心理学』福村出版　1991年
7）馬場禮子・青木紀久代編『保育に生かす心理臨床　保育・看護・福祉プリマーズ　7』ミネルヴァ書房　2002年
8）福島脩美・沢崎達夫・田上不二夫・諸富祥彦編『カウンセリングプロセスハンドブック』金子書房　2004年

●○● 　コラム　●○●

「自子中心主義」―形を変えた自己中心主義―

　最近、マスコミ等で「モンスターペアレント」という言葉を見聞きすることが増えてきた。アメリカではこの「モンスターペアレント」は、虐待を受けた子どもが親に対して使う言葉として扱われているが、わが国では教育現場に無理難題を押し付けてくる保護者をさして使用される場合が多い。

　実際、保育現場では無理難題を要求してくる保護者が増えてきているようだ。運動会や保護者参観に参加した保護者が園に日当を要求するなど、これまでの常識では考えられないような要求に苦慮している現場の保育者は大きなストレスを抱えている。近年、わが国では「言ったもん勝ち」の風潮が高まり、他者の立場よりも自分の立場を重視した言動が目立つようになってきている。

　そのようななか、保護者という立場から、形を変えた自己中心主義ともいえる「自子中心主義」が保育現場を悩ませている。保育現場で子どもが集団生活をしている以上、自分の子どもさえよければいいという発想は、保育の前提を覆すことになる。

　対応としては、保護者自身がさまざまな所でストレスを抱えており、はけ口の１つとして保育者に向けている場合もあり、まずはていねいに話を聞くところからはじめ、責務以外はていねいにしかも厳格に対応する必要がある。また保育者が子どもと接する時間が減少すればするほど、苦情が反比例して増えているようであり、これまで以上に保育現場ではより細やかな保育と家庭支援が必要とされている。

　少子化による園経営の難しさに加え、子どもの多様化・脆弱化による保育の負担、家庭の多様化・脆弱化による家庭支援など、今日のわが国の保育者が抱えている負担は重い。そのため過労気味の保育者を支援することも必要になってきている。

〔参考文献〕
小野田正利『悲鳴をあげる学校』旬報社　2006年

第13章 子どもをめぐる教育的問題

◆キーポイント◆

　子どもをめぐる教育的問題は、不登校・不登園や非行、いじめといった問題から教育内容や教育方法に関する問題に至るまで、幅が広い。ここでは、それらのなかから不登校・不登園、児童虐待、早期教育の3つについて眺めてみる。

　不登校・不登園は、ある特別の子どもに起こる問題ではない。誰にでも起こり得る問題として理解し、その対応を考えなければならない。

　児童虐待は、過去15年の間に急増し大きな社会問題ともなっているが、その発生原因については、複数の要因が絡んでいると理解する必要がある。

　早期教育の問題は、是非論が先行しがちであるが、誰が、どのような子どもを対象にして、何のために、何を、どんな方法で、どのくらいの時間をかけて行い、何をもって効果ありとするか、という点を明らかにしないままにその是非を論じることは早計であろう。

第1節 ● 不登校・不登園

1 ── 不登校の状況

(1) 不登校児童生徒数

　2005（平成17）年度に学校を年間30日以上欠席した児童（小学生）は2万2,709人、生徒（中学生）は9万9,578人で、これは全小学生の0.32％、全中学生の2.75％を占めている。割合でいうと、不登校生徒の割合は、不登校児童の8倍に達している（表13-1、図13-1）。

　年度別に推移をみると、2001（平成13）年度には、不登校児童生徒数は14万人近くに達した。以後、人数は緩やかに減ってきているが、割合で眺めればごくわずかな減少にとどまっている。

　不登校児童生徒が在籍する学校数とその割合をみると、小学校では40％あまりの学校に、中学校では実に80％を超える学校に不登校の児童生徒が在籍しており、不登校が、限られた地域、限られた学校での問題ではないことが

第13章●子どもをめぐる教育的問題

表13-1 不登校児童生徒数

区分	小学校 (A)全児童数(人)	(B)不登校児童数(人) カッコ内(B/A×100)(%)	中学校 (A)全生徒数(人)	(B)不登校生徒数(人) カッコ内(B/A×100)(%)	計 (A)全児童生徒数(人)	(B)不登校児童生徒数の合計(人) カッコ内(B/A×100)(%)
平成3年度	9,157,429	12,645 (0.14)	5,188,314	54,172 (1.04)	14,345,743	66,817 (0.47)
4年度	8,947,226	13,710 (0.15)	5,036,840	58,421 (1.16)	13,984,066	72,131 (0.52)
5年度	8,768,881	14,769 (0.17)	4,850,137	60,039 (1.24)	13,619,018	74,808 (0.55)
6年度	8,582,871	15,786 (0.18)	4,681,166	61,663 (1.32)	13,264,037	77,449 (0.58)
7年度	8,370,246	16,569 (0.20)	4,570,390	65,022 (1.42)	12,940,636	81,591 (0.63)
8年度	8,105,629	19,498 (0.24)	4,527,400	74,853 (1.65)	12,633,029	94,351 (0.75)
9年度	7,855,387	20,765 (0.26)	4,481,480	84,701 (1.89)	12,336,867	105,466 (0.85)
10年度	7,663,533	26,017 (0.34)	4,380,604	101,675 (2.32)	12,044,137	127,692 (1.06)
11年度	7,500,317	26,047 (0.35)	4,243,762	104,180 (2.45)	11,744,079	130,227 (1.11)
12年度	7,366,079	26,373 (0.36)	4,103,717	107,913 (2.63)	11,469,796	134,286 (1.17)
13年度	7,296,920	26,511 (0.36)	3,991,911	112,211 (2.81)	11,288,831	138,722 (1.23)
14年度	7,239,327	25,869 (0.36)	3,862,849	105,383 (2.73)	11,102,176	131,252 (1.18)
15年度	7,226,910	24,077 (0.33)	3,748,319	102,149 (2.73)	10,975,226	126,226 (1.15)
16年度	7,200,933	23,318 (0.32)	3,663,513	100,040 (2.73)	10,864,446	123,358 (1.14)
17年度	7,197,458	22,709 (0.32)	3,626,415	99,578 (2.75)	10,823,873	122,287 (1.13)

資料：学校基本調査（文部科学省）を一部改変

不登校児童生徒の割合（平成17年度）
　小学校　0.32％（317人に1人）
　中学校　2.75％（ 36人に1人）
　　計　　1.13％（ 89人に1人）

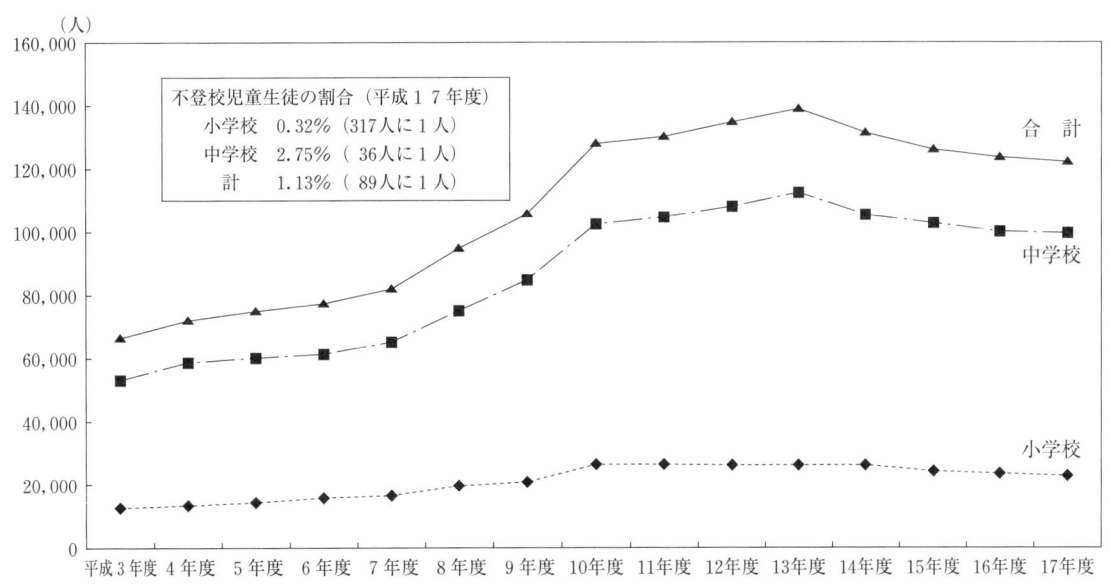

図13-1　不登校児童生徒数の推移
資料：学校基本調査（文部科学省）

わかる（表13-2）。

　不登校児童生徒数を学年別にみると、学年が進むほど不登校の子どもの数が増える傾向にある。特に小学6年から中学1年との差が非常に大きく、中学校に入学してから不登校に陥る生徒が急増する様子がうかがえる（図13-2）。

表13-2　不登校児童生徒の在籍学校数（平成17年度）

区分		学校総数（A）（校）	30日以上の欠席者	
			不登校児童生徒在籍学校数（B）（校）	比率（％）（B／A×100）
小学校	国立	73	37	50.7
	公立	22,856	9,652	42.2
	私立	194	49	25.3
	計	23,123	9,738	42.1
中学校	国立	76	67	88.2
	公立	10,238	8,776	85.7
	私立	721	455	63.1
	計	11,035	9,298	84.3
計	国立	149	104	69.8
	公立	33,094	18,428	55.7
	私立	915	504	55.1
	計	34,158	19,036	55.7

資料：学校基本調査（文部科学省）

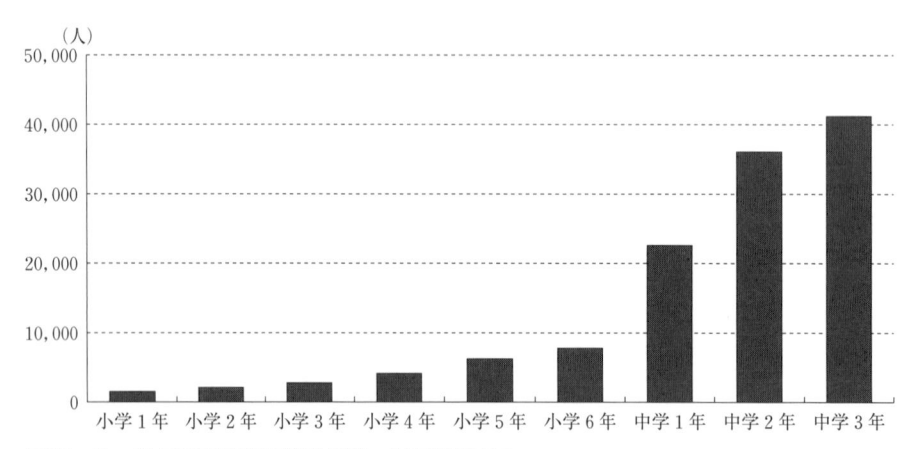

図13-2　学年別不登校児童生徒数（平成17年度）
資料：学校基本調査（文部科学省）

（2）不登校のきっかけ

　不登校のきっかけは、小学校、中学校ともに最も多いのが「本人の問題に

起因」であり、いずれも40%近くを占めている（表13−3）。「本人の問題」の内容であるが、おそらく本人の性格や物事の受けとめ方といった内面的な事柄が多くを占めるのではないかと推測される。

　それ以外のきっかけをみると、小学校では家庭生活における「親子関係をめぐる問題」や学校生活における「友人関係をめぐる問題」が同程度に多くを占めている。他方、中学校においては、学校生活のなかでの「友人関係をめぐる問題」が圧倒的に多く、「親子関係をめぐる問題」がきっかけとなっての不登校は、小学校ほど多くはない結果となっている。

　子どもの年齢が小さいほど家庭環境の影響の度合いが強いと考えられるのだが、それとよく一致する傾向にあるといえるであろう。

表13−3　不登校状態となったきっかけ（平成17年度）

		小学校 人数（人）	小学校 構成比(%)	中学校 人数（人）	中学校 構成比(%)
学校生活に起因	友人関係をめぐる問題	2,867	12.6	22,296	22.4
	教師との関係をめぐる問題	472	2.1	1,273	1.3
	学業の不振	746	3.3	7,951	8.0
	クラブ活動、部活動等への不適応	42	0.2	1,643	1.6
	学校のきまり等をめぐる問題	101	0.4	2,678	2.7
	入学、転編入学、進級時の不適応	575	2.5	3,008	3.0
	小計	4,803	21.2	38,849	39.0
家庭生活に起因	家庭の生活環境の急激な変化	1,860	8.2	4,840	4.9
	親子関係をめぐる問題	3,394	14.9	7,810	7.8
	家庭内の不和	939	4.1	3,494	3.5
	小計	6,193	27.3	16,144	16.2
本人の問題に起因	病気による欠席	1,569	6.9	6,040	6.1
	その他本人に関わる問題	6,703	29.5	30,838	31.0
	小計	8,272	36.4	36,878	37.0
	その他	2,078	9.0	3,126	3.1
	不明	1,393	6.1	4,581	4.6
	合計	22,709	100.0	99,578	100.0

（注）：不登校児童生徒1人につき、主たるきっかけを1つ選択
資料：学校基本調査（文部科学省）

2 ── 不登校問題の経緯

(1) 用語の変遷

　学校に行きたくても行けない子どもがいるということは、アメリカでは1940年代には周知の事実であった。そのような子どもの状態は「学校恐怖症」と呼ばれ、尖ったものに恐怖を抱く「先端恐怖症」や高い所に恐怖を抱く「高所恐怖症」などと同じく、恐怖症の一種と考えられたのである。その原因としては、分離不安が考えられた。学校へ行くということは、親（特に母親）のもとを離れるということを意味するのだが、母子関係のあり方がうまくいっていないと、母は子を手放すことに不安を抱き、子は母と離れることに不安を抱くという分離不安が生じることとなる。分離不安が強いと、子どもは家を出ることができなくなり、「学校へ行きたくても足が前に出ない」とか「学校へ行かなくてはいけないことはわかっているが、行くとなると情緒的な混乱が起きる」といった状態に陥ることとなる。日本でも同様な子どもがいることが、1950年代末ごろから指摘されるようになった。

　しかし、分離不安は、比較的年齢が小さな子どもに起こりやすいと考えられるものである。10代の子どもたちの「学校に行きたくても行けない」状態を、分離不安だけで説明することには無理があるのではないかと考えるようになり、1970年代に入ると、学校恐怖症という言葉は次第に使われなくなっていった。その代わりに「登校拒否」という言葉が使われるようになった。

　学校に行きたくても行けないという子どもの状態が変わったわけではないのだが、その原因を、分離不安の他に家族内人間関係の不適切さや学校場面でのさまざまな失敗経験の蓄積、本人の性格・行動傾向など、環境要因を含めて幅広く認めるようになり、そうしたことの結果として「登校拒否」という用語が定着するようになった。

　登校拒否という言葉は、その後しばらくの間使われることとなるが、「何も子どもが登校を積極的に拒否・拒絶しているわけではない」という見方があったり、「学校だけが子どもの生活空間ではないのではないか」という考え方が出てきたり、「何が何でも学校に行かせようとするのはやめたほうがいいのではないか」という議論があるなかで、1990年代に入って「不登校」という言葉が用いられるようになった。

(2) 不登校の意味

　学校恐怖症や登校拒否という言葉は、子どもが示す一定の行動特徴やその

原因論が含まれたものであるのに対して、不登校という言葉はどちらかというと「学校に行っていないという状態」をさし示すものとなっている。つまり、さまざまな理由や原因はあろうが、一定期間学校に行っていないという状況があれば、それは「不登校」に該当するわけである。現在、文部科学省は、年間30日以上学校を欠席している子どもを不登校としている。

学校恐怖症から登校拒否へ、登校拒否から不登校へと、言い表す言葉が変遷してきたが、それは「学校に行かない子ども、行けない子ども」の社会での扱われ方が変化したからだと考えることができる。すなわち、「学校に行かないのは本人の問題だ」という扱われ方から「家庭や学校にも問題がある」という扱われ方へ、そして「特定の子どもや家庭にだけに起こる問題ではなく、さまざまな要因が重なり合えば誰にでも起こり得る問題だ」という扱われ方へと変わってきたのである。

3 ── 不登園

(1) 不登園の実態

不登校児童生徒の実態については、文部科学省の学校基本調査等を通して、全国レベルでの実態把握ができているが、保育所や幼稚園を一定期間休む子どもについての実態は、詳しく把握されていない。

小学校や中学校と違って、保育所や幼稚園は、通常すべての子どもが通わなくてはいけないものではない。保育に欠ける状況にあったり、幼児期の教育を希望する者が利用するものである。仮に学校基本調査のような調査を行ったとしても、それが実態であるとすることはできないであろう。

(2) 不登園とは

不登園の実態の詳細は不明であっても、現実問題として不登園児は少なからずいると思われる。ここでいう不登園とは、先に取り上げた学校恐怖症や登校拒否とほぼ同様の状態のことである。改めて、まとめると次のようになる。
①保育所や幼稚園に行きたくても行けない・行かないという状況が継続していること
②登園を促すような働きかけを行うと、発熱や腹痛などといった身体症状や、大声で泣き叫ぶなどの情緒的な混乱を示すこと

4 ── 不登校・不登園への対応

(1) 対応の基本姿勢

　不登校・不登園のメカニズムやそれへの対応技法などを習得したとして、それらは不登校・不登園に悩む子どもや親を援助するための、あくまでも道具を手に入れたということである。その道具を使って援助を行うのは人間である。対人援助を行ううえで忘れてはならないことは、人が人を援助するという点である。人が人を援助する際に、最も大切にしなければならないのは、互いの信頼関係である。

　わが子が不登校・不登園に陥った場合、多くの親は、自分の育て方やしつけ方、かかわり方が間違っていたのではないかと悩む。そのような状態にあるとき、担当する保育者が、育児の誤りを責めるかのような言動をとったとしたら、親との信頼関係を築き上げることにかなりの困難を抱えることになろう。そのようなことでは、どのような知識や技術を身につけていても、援助には何の役にも立たないことになる。

　援助にあたっては、子どもや親のよりよい適応に向けて、ともに問題解決を考えていこうという姿勢をしっかりともち、互いの信頼関係を大切にすることである。なかには、保育者の援助を拒否的に受けとめたり、防衛的な態度をとる親もいるかもしれないが、ともに問題解決を考えるパートナーであるという姿勢を忘れなければ、多少の時間はかかっても事態を前に進めていくことができるのではないだろうか。

(2) 家庭環境への対応

　先に書いたように、わが子が不登校・不登園に陥ると、多くの親は自分の育て方が悪かったのではないかなどと悩み、悔い、そして自分を責めようとする。しかし、仮に今までの育て方が悪かったとしても、それは過ぎ去った出来事である。過去にこだわってそれを責めたり悔やむだけでは、問題が解決しないことはいうまでもない。大切なのは、いまどうするか、これからどうしようと思うのかということである。これは過去を反省する必要がないということではない。反省をふまえて、いまとこれからのことを考えるような方向づけをしていくということである。いま、子どもが親に望んでいることは何なのか、その希望を実現することが子どもの適応につながるのか、また、親として子どもにしてあげられることは何なのか、それをすれば果たして問題解決への道を前進することになるのか、といった事柄などを時には整理し、

時には十分に話を聴きながらサポートすることが大切である。
　子どもが幼児である場合は、分離不安がもとで不登園になっている可能性が高いと考えられる。そのような場合は、親子が離れるということに対する親の側の不安と子どもの側の不安との両方を低減させていく必要がある。子どもが親と離れていても楽しくいられたならば、それを大いにほめたりして安心感を抱いてもらえるように配慮したり、親と離れていたときの子どもの様子などを親にフィードバックし、親にも安心してもらうなどの対応が望まれる。

(3)　学校・園環境への対応

　不登校においては、学校での友人関係の問題が原因となっている割合が高い。したがって、友人関係の改善を図るような対応が求められる。友人とうまくいっていない部分があれば、なぜそのようになってしまったのかを把握し、良好な関係に修復できるような援助をする必要がある。
　また、転校生は、転校当初の新しい学校生活への適応に不安を感じるものである。その際に、学校の受け入れ体制が十分でないと不安を増大させることとなり、それが原因で不登校となる場合がある。転校する子どもの気持ちになって、きめ細かな配慮を行い、言葉がけなどを積極的に行うことが大切である。
　幼児の場合においても、やはり友人関係でのつまずきが問題となるであろう。そのために分離不安を強めてしまうケースもある。友達と楽しく遊べたという経験は、何より園が安全で楽しい所であることの実感につながる。自ら友達との遊びの輪に入れない子どもには、保育者が遊びへの導入を手伝うことが必要であろう。
　ただし、なかには保育者と１対１の関係をもちたくて、わざと友達のなかに入ろうとしない子どももいる。そのような場合は、子どもとの１対１の場面もつくりながら、友人と遊ぶ場面をも構成しながら調整していくとよいのではないだろうか。

(4)　子ども自身への対応

　子ども自身の問題としては、例えば、神経質な傾向があるとか引っ込み思案であるとかいった性格的なものが考えられる。あるいは、人の嫌がることをやるなど友人関係において不適切な表現をとってしまう子どももいる。こういった子どもについては、カウンセリングなどの心理学的なアプローチをとって、性格傾向の変容を図るなど、具体的で適切な行動の獲得をめざして

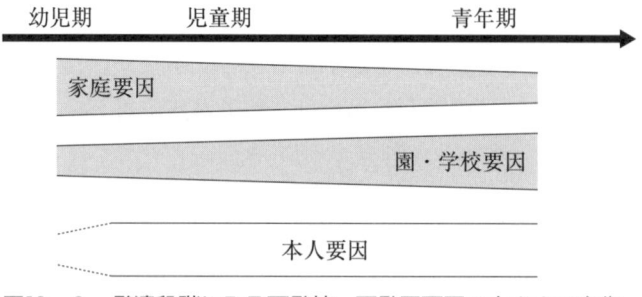

図13−3　発達段階にみる不登校・不登園要因の大きさの変化（概略図）

ソーシャル・スキル・トレーニングを導入するとよい。

第2節 ● 児童虐待

1 ── 児童虐待の状況

　2006（平成18）年度中に全国の児童相談所が取り扱った児童虐待の件数は、3万7,232件にのぼる（図13−4）。1,101件であった1990（平成2）年度と比べると、16年の間に30倍以上増加していることとなる。急増の背景として、それまで問題として表に出なかった児童虐待が関心の高まりとともに表面化することとなったからではないかとか、実際に児童虐待が増えているからで

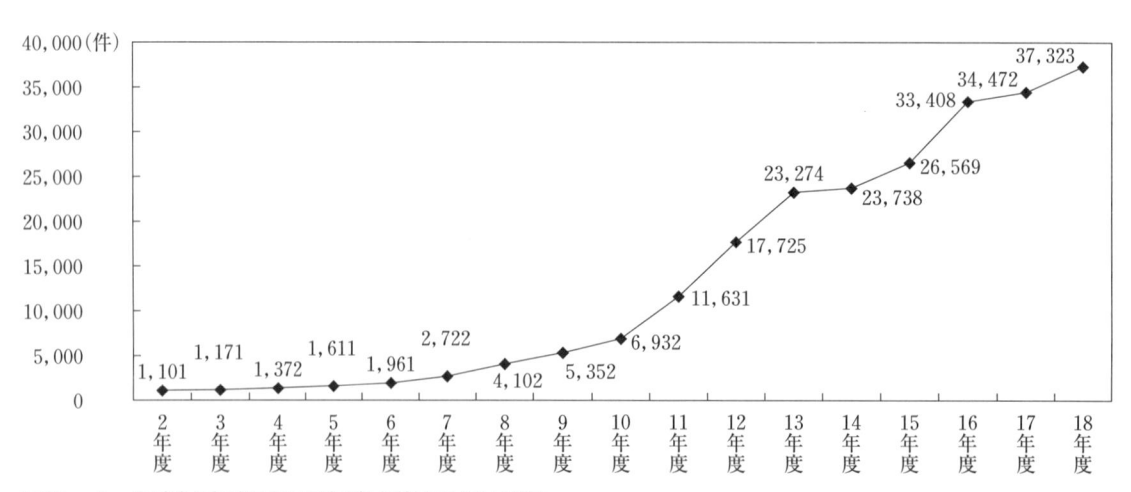

図13−4　児童相談所における児童虐待取り扱い件数
資料：平成18年度社会福祉行政業務報告（厚生労働省）

はないかとかいわれているが、いずれにしても、現にこれほどの児童虐待ケースが児童相談所で扱われているという事実を直視しなければならない。

児童虐待の種類として、「身体的虐待」「性的虐待」「怠慢・放置（ネグレクト）」「心理的虐待」が知られているが、これらのなかでは身体的虐待とネグレクトの比率が高く、両者をあわせると児童虐待全体の80％を占める（図13－5）。

虐待を行うのは実母が圧倒的に多く（図13－6）、虐待される子どもの年齢は小学生以下が多くを占めている（図13－7）。

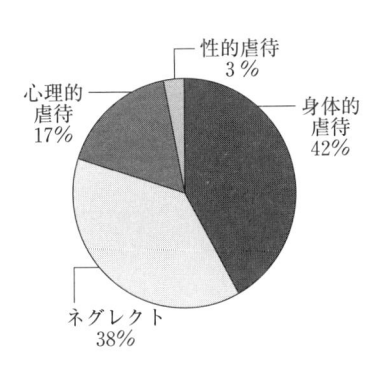

図13－5　児童虐待の種類別割合（平成18年度）
資料：平成18年度社会福祉行政業務報告（厚生労働省）

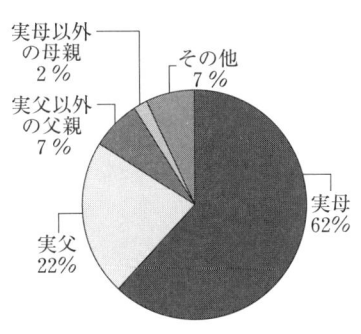

- 身体的虐待 42%
- ネグレクト 38%
- 心理的虐待 17%
- 性的虐待 3%

図13－6　児童虐待の虐待者別割合（平成18年度）
資料：平成18年度社会福祉行政業務報告（厚生労働省）

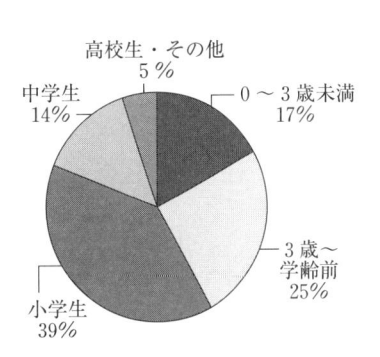

- 実母 62%
- 実父 22%
- 実父以外の父親 7%
- 実母以外の母親 2%
- その他 7%

図13－7　被虐待児の年齢別割合（平成18年度）
資料：平成18年度社会福祉行政業務報告（厚生労働省）

- 0〜3歳未満 17%
- 3歳〜学齢前 25%
- 小学生 39%
- 中学生 14%
- 高校生・その他 5%

2 ── 児童虐待が子どもにもたらす問題

児童虐待は、児童の権利を侵害する行為であることはもちろん、児童の心身の発達や適応にも悪影響を及ぼす行為である。虐待がもたらすさまざまな問題についての報告例をまとめてみると、次のようになる。

(1)　人間関係を維持するうえでの問題

虐待されるということは、生命の危機を経験したり、自分の存在を否定されたりするということである。しかも、最も近くにいて、本来であれば自分を守ってくれるはずの実親が虐待者である場合は、深刻な対人不信を抱いたり、いわゆる愛情飢餓の状態に陥ったりする。

また、日常生活のなかで暴力行為等の経験を蓄積させていくことから、適切な感情表現の方法を習得することができず、子ども自身が粗暴になり、攻撃的な行動を多くとるようにもなる。

(2) 精神発達上の問題

　児童虐待は、衆人環視のなかで行われることはなく、ほとんどが家のなかという密室で行われる。親自身が近隣との関係を維持しようとはせず、社会とのつながりがないなかで生活しているケースも多い。そのような環境で育つ子どもは、社会性を身につけるチャンスが少なく、概して幼く未成熟な行動を示すようになる。

(3) 日常生活における行動の問題

　虐待を受けた子どもは、通常ではみられない奇異な行動をしばしばとることがある。食事を十分に与えられていない子どもは、極めて短い時間で大食いをすることがある。日頃から身体的虐待を受け続けている子どもは、おとなから注意されたりすると身体が震え出すことがある。言葉による心理的虐待を受けた子どもは、「どうせ自分なんて…」などと自己否定感情を強く抱くことがある。虐待する親の顔色を見ながら生活せざるを得なかった子どもは、時に強く甘えたり、時に冷淡になったりすることがある。

(4) 精神機能上の問題

　度重なる虐待を受けると、それがトラウマ（心的外傷）となって長く残ることとなる。トラウマは、記憶障害や意識障害などの問題を引き起こすこととなる。

　記憶障害は、トラウマをもたらすような嫌な出来事を忘れるという形で生じる。思い出したくもない出来事を思い出さないようにしようとする一種の防御反応だということができる。一方、トラウマをもたらした出来事を突然鮮明に思い出すことがあり、身をすくめたり情緒的反応を示すが、これはフラッシュバックと呼ばれる。

　意識障害は、自分が自分でないような気がしたり、現実を現実として認識できなかったり、現実を避けて空想にふけったりするというような形であらわれる。また、意識がぼんやりと曇ってしまったり、逆に刺激に過敏になることもある。

3 ── 児童虐待の発生要因

(1) 児童虐待の発生要因をどうとらえるか

　なぜ児童虐待が起きるのかについては、以前から世代間連鎖、世代間伝達

がいわれていた。つまり、自分自身が虐待された親が、自分の子どもに虐待を働くということである。しかし、世代間連鎖が認められなかったという調査結果が報告されたり、世代間連鎖というメカニズムだけで実際の虐待ケースは説明しきれないという指摘がなされるようになった。現在では、世代間連鎖を虐待発生の主要因とみるのではなく、虐待する親の心理的要因（認知的側面や社会関係のあり方等）や夫婦・親子関係のあり方、経済的困難さといったいくつかの心理・社会的要因を取り上げ、その複合によって虐待が発生するという見方になっている。

(2) 児童虐待発生にかかわる心理・社会的要因

児童虐待発生にかかわる心理・社会的要因については、さまざまな立場から研究されている最中ではあるが、そのなかから主だった要因を拾い上げてみる。

①育児不安の不解消と増大

年齢段階ごとの子どもの発達の概要や先々の発達の様子などについて、ある程度の知識をもつことは、子どもを育てるうえで必要かつ大事な事柄である。しかし、こういった知識が乏しかったり育児のなかで生じるさまざまな問題についての判断ができなかったりすると、育児不安に陥る。

②親子関係形成時のつまずき

望まない妊娠で出産を余儀なくされたとか、育児に対して夫が無理解、無協力であったりすると、子どもに愛情を感じられなくなってしまう。

③子どもに対する過剰な期待と歪んだ認知

子どもというものは親の言うことを全部聞くものだと思いこんでいたり、親が教えたことはすぐにできるようになるものだと思いこむなど、子どもの能力や発達状況を全く無視した過度な期待や歪んだ認知をしている。

④社会からの孤立や社会的未成熟さ

親自身が人間関係をうまく維持できなかったり、社会性に欠けていて未成熟であったりする。また近隣をはじめとした家庭外部との関係が途絶え、孤立してしまっている。これは、ある意味で親自身の育てられ方の問題であるともいえる。

⑤子どもの育てにくさ

例えば、未熟児で生まれたため大変に手がかかるとか、ミルクの飲みが悪いとか、離乳食がなかなか進まないといったことである。これらの事柄は、子ども自身には何の責任もないのだが、親にとって「育てにくさ」を感じることとなる。

⑥経済的困難

　家庭が経済的に厳しい状況にあると、親がゆとりを失い、じっくりと育児に向き合うことができなくなる。

4 ── 児童虐待への対応

(1) 被虐待児の特徴
　子どもに虐待が行われているのかどうかを判断する目安としては、子どもの身体的な特徴や行動的な特徴をいくつかあげることができる。しかし、これらのどれか1つでも該当すれば虐待であると判断できるものでもないし、すべてに当てはまったとしても虐待ではないかもしれない。だが、日頃からこのような特徴がみられないかどうかや家庭状況、親子関係の様子などに注意し、虐待の疑いが濃厚になった場合は、速やかに対応することが必要である。

　被虐待児によくみられる身体的な特徴のいくつかをあげてみる。
①怪我ややけど、誤飲などが繰り返しみられる
　いずれも理由がはっきりしないことが多く、経緯を親に聞いても漠然として要領を得ない答えであることが多い。
②身体や着衣が汚れていたり、同じ洋服を着続けている
　ネグレクトの場合に多い特徴である。親が子どもの世話をしないので、このような状態がみられる。
③体重が増えない
　身体的虐待を受けたり、ネグレクトされたりという状況のもとでは、栄養が十分に摂れずに体重が増えなかったり、減少する。
④乳児期に骨折したことがある
　乳児期の子どもは、まだ独立して歩くことができない。そうであるにもかかわらず、骨折しているということは、親が子どもを放置していたり、暴力を振るっていたりする可能性が高いということである。また、親からこの件について事情を聞こうとしても、はっきりとした理由を言わないことがある。

　また、被虐待児によくみられる行動面の特徴としては以下のようなものがあげられる。
①食べ物への執着が強い
　食事を十分に与えられていないと、短時間でガツガツ食べたり、他の子ど

もの食べ残しを食べるなどの行動があらわれやすい。
②**落ち着きがない**
　席を離れたり、ウロウロと歩き回るなどの行動がみられる。
③**甘えが強くなれなれしい行動が多い**
　四六時中ベタベタとくっついてきたり、隙があると膝の上に上がりたがったりし、圧迫感を感じるほどのなれなれしさを示すことがある。
④**遅刻や欠席が多い**
　遅刻・欠席が多いが、その理由がはっきりしない。
⑤**身勝手な行動が目立つ**
　集団行動をとらない・とれない、わざと集団行動を乱すなどがある。そのため、友人関係を保つことが困難で、相手の嫌がることを意図的にすることもある。時にウソをついたり、物を盗むなどの行動をとったりもする。
⑥**衝動性、攻撃性がうかがえる**
　衝動的に近くにいる友達を傷つけたり、おとなに反抗したりする。
⑦**残酷行為がある**
　動植物への残虐行為を働く。
⑧**無気力である**
　生気がなく、だらしない生活態度を示す。

(2) 児童虐待への対応

　児童虐待が疑われた場合は、速やかに児童相談所へ通告する必要がある。状況によっては緊急に一時保護をして、子どもの生命を守らなければならない。それができるのは、児童相談所だけである。「虐待かもしれないが、もう少し様子を見よう」と先延ばしにしていると、子どもの生命が失われるかもしれない。親も子も、安全な環境を確保したうえで、さまざまな対応や介入を考えなくてはいけない。

　虐待を行う親は、いつも子どもに暴力的であったり、拒否的であったりするわけではないことが多い。時には、子どもを抱きしめたり、やさしく接したりしている。そして、虐待を行ってしまう自分自身に対して嫌悪感を感じたり、自責の念にとらわれたりすることもしばしばある。「鬼のような親」「血も涙もない親」というイメージや見方が先に立ってしまうが、そのような先入観を抱かずに、親の心情や苦悩に目を向けることも虐待への対応には必要なことである。育児についての悩みや不安、夫婦関係や家族関係の不安定さ、孤立感や孤独感などなど、親が抱えこんでいるさまざまな問題の解決を援助するためには欠くことのできない視点、姿勢である。親を責めるだけ

では何も解決しないことを、しっかりと意識しておきたい。

　親が児童相談所などの機関とすでにかかわりがある場合においては、そのような機関との連携のもとに対応を進めていくこととなる。情報交換を密にしつつ、かかわる者・機関同士で適切な役割分担を行いながら、ネットワークのなかで援助することが極めて大切である。

第3節　● 早期教育

1 ── 早期教育とは何か

　早期教育という言葉から、何を連想するであろうか。ある人は、音楽などの才能を開発・開花させるために行う英才教育的なものを思い浮かべるかもしれない。ある人は、幼いころからたくさんの刺激を与えることによって脳を発達させることをねらいとした教育を思い浮かべるかもしれない。またある人は、障害児に対して学齢前から取り組む教育を思い浮かべるかもしれない。このように、一口に早期教育といっても、その意味するところや内容は、実に多種多様である。

　保護者は、早期教育を通じて、子どものどのような変化を期待するのであろうか。ある人は、子どもが備えている才能のなかから他人より優れているところを見つけ出し、それを伸ばすことを期待するかもしれない。またある人は、将来の学力を高めることを期待するかもしれない。親をはじめとする周囲のおとなの早期教育に求める期待もまた、多種多様である。

　さらに、早期教育を行うとして、どの程度の時間・期間をかけるのであろうか。毎日1時間ずつ、それを何年にもわたって行うのであろうか。それとも週に1回2時間ずつ1年間続けようとするのであろうか。早期教育にかける時間・期間もまた多種多様なのである。

　このように、早期教育には、さまざまな側面があり、目的があり、方法や期間がある。早期教育が子どもに及ぼす影響について、そのすべての場合を想定して明らかにしたり論じたりしようとすることは大変に難しい。

　そこで、ここでは早期教育を「主として子どもの知的能力を伸ばすことを目的とした意図的な働きかけであって、通常よりも早い段階で、また通常とは異なる方法でその働きかけが行われるもの」と大きくとらえて、以下に触れていくこととする。

2 ── 早期教育に関するいくつかの知見

(1) 短期的効果と長期的効果

　早期教育を受けてからすぐにあらわれるのが短期的効果、数年後まで続いたり数年後にあらわれたりするのが長期的効果ということになるが、短期的効果については認められるとする研究が多いようである。例えば、子どもを2つのグループに分けて、一方には「あ」という文字の読みを教え、他方には教えなかったとして、どちらのグループに「あ」を読める子が多いかといえば、文字の読みを教えられた子どもである、という結果になるだろう。そのような点では、短期的効果は劇的であるともいえるだろう。

　他方、長期的効果となると大分様子が違ってくる。長期的効果については、早期教育を終えた後に何年かをかけて追跡調査を行って調べるものが多いが、時間経過とともに効果が薄れていくというものや、早期教育が行われた教科での効果は薄れる一方で、別の教科に効果が認められたとするもの等、必ずしも一定の結果が得られているわけではない。早期教育後、時間が経つほど、親の教育的対応の違いや子ども自身の興味の変化、その他の要因が入り込むために、早期教育のみの効果を取り出して調べることの難しさもあるであろう。

(2) 学習教材、学習領域と学習効果との関係

　例えば、算数の教材を用いて早期教育を行うと、算数能力が伸びるのであろうか。国語の場合や理科の場合はどうなのであろうか。

　これらについても、早期教育の比較的短期の効果を調べるか、長期の効果を調べるかによって、調査結果にはばらつきが出ているようである。しかし、ある程度長期にわたる効果としては、国語力、あるいは語彙力が向上するという結果を示唆する研究が散見される。

　また、音楽演奏や踊り、囲碁・将棋など、どちらかというと特殊な領域での早期教育の効果については、認められるとする見解が多いようである。いわゆる「英才教育」であるが、英才教育とは優れた能力を伸ばす教育をさし、その領域で優れた才能のもち主であるかどうかの判別と優れた能力をさらに伸ばすという2つの側面をもつものと思われる。その点をふまえると、ここでいう早期教育とはやや種類が異なるといえるであろう。

3 ── 早期教育を考える

(1) 早期教育を考えるうえでの問題点

　前項でも触れたように、早期教育には多くの要因が絡んでいる。それらの要因をうまくコントロールし、早期教育の効果のみを抽出して調べていくのは相当に難しい。誰が、どのような子どもを対象にして、何のために、何を、どんな方法で、どのくらいの時間をかけて行い、何をもって効果ありとするか、これらの一つひとつが明らかになっていないと早期教育に効果ありとも、効果なしともいうことはできないだろう。

　一般的に、早期教育を考える親は、自分の子どもが将来幸せな人生を送ってくれることや社会に上手に適応できることを願っているのではなかろうか。しかし、早期教育を手がける業者などの側は、教育を受けた子どもの将来の人生が幸せになるとか、社会に上手に適応するようになるなどとは、ほとんどいっていない。何かの能力が伸びることを訴える、あるいは脳の発達が促進されることを主張するなどである。能力が伸びたり脳が発達することが、将来の人生の幸せを約束するものではないことはいうまでもない。早期教育を考えるうえでは、このような両者のギャップを意識しておく必要があるだろう。

　早期教育のなかには、脳科学を援用して、子どもの年齢が小さいうちにたくさんの刺激を与えることが脳の発達を促すとしているものがある。一例をあげれば、「シナプス（脳神経回路の結合部分）は、3歳までに増える。だから3歳までに刺激をたくさん与えることが重要で、そうすることで脳は発達する」というような主張である。しかし、これについては疑問を投げかける研究者が多い。「3歳までにシナプスが増える」というのは一面では真実であるが、詳細に眺めればシナプスが増えるピークは1歳ごろで、その後は減ってしまうというのが科学的事実である。シナプスの多さが必ずしも脳の発達を意味するものではないのである。このように、いかにも科学性があるかのような主張については、その内容を十分に吟味しなくてはならない。

(2) 早期教育は是か非か

　これまでにみてきたことをふまえると、早期教育について、その是非を単純に論じるべきではないといえる。確実に期待する効果が得られるとも、全く効果がないともいい切れない。実証がなされていないからといって、早期教育を行うべきでないとか意味がないと切り捨てることでもないだろう。教

育的な働きかけがもたらす効果が実証されるには、それなりの時間、年数を要するものである。しかし、日々成長する子どもを横で見て、それを待ち続けることはできないだろう。親としては、実証性の有無にかかわらず、子どもによかれと思うことにはチャレンジすべきなのかもしれない。それが、親子関係を深め、子どもの興味や関心を呼び起こし、社会性を身につけるきっかけになる可能性もある。

　ただし、すでに触れたように、早期教育を手がける業者や組織のなかには、科学的な知見を自らに都合よく利用するようなケースも見受けられる。早期教育を行うのであれば、そのような点をふまえ、十分に納得したうえで、子どもに過度のストレスがかからないような配慮を忘れないことが大切ではないだろうか。

●「第13章」学びの確認
①不登校問題の特徴や傾向をあげてみよう。
②児童虐待の発生要因を整理してみよう。
③早期教育の効果について整理してみよう。
●発展的な学びへ
①不登校児童・生徒のための施策やサービスを調べてみよう。
②児童虐待を防止するためには、どのような対応が必要か考えてみよう。
③障害児に関する早期教育について調べてみよう。

引用・参考文献

1）有岡巌・勝山信房『学校恐怖症』金原出版　1974年
2）厚生労働省『子ども虐待対応の手引き』2007年
3）榊原洋一『子どもの脳の発達　臨界期・敏感期―早期教育で知能は大きく伸びるのか？』講談社　2004年
4）汐見稔幸『このままでいいのか、超早期教育』大月書店　1993年
5）汐見稔幸『現代早期教育事情』日本評論社　1996年
6）清水勇『なぜ学校へ行けないのか　登校拒否児の理解とその援助』ブレーン出版　1992年
7）高井俊夫『ダウン症の早期教育：ワシントン大学法導入10年目のまとめ』二瓶社　1994年
8）田中規子・藤永保・佐々木丈夫・池永真紀「早期教育の効果に関する調査（Ⅱ）―親子の意識と学習状況の分析を中心に―」『発達研究第15巻』　2000年　p.33－34
9）東京都福祉局『児童虐待の実態―東京の児童相談所の事例に見る―』2001年
10）東京都福祉保健局『児童虐待の実態Ⅱ―輝かせよう子どもの未来，育てよう地域のネットワーク―』2005年
11）宮本信也「子ども虐待の理解と対応」『福祉心理学研究』第3巻第1号　2006年　pp.1－7
12）文部科学省『不登校への対応について』2003年

●○● コラム ●○●

親と共に生きるという姿勢

　「共に生きる」や「共生」という言葉を、日常の生活のなかでよく見聞きするようになった。例えば、障害者や高齢者との共生とか異文化との共生というように…。互いに反目し合ったり、拒否したり、否定したり、無視したりしていては共に生きることはできない。共に生きるうえでは、互いの信頼関係が必要不可欠だし、またそれを最も大事にしなければならないだろう。

　不登校・不登園、いじめ、非行、児童虐待をはじめとした具体的事例に対して、親が悪い、親に全責任があると、まるで断罪するかのような姿勢で接しているケースを見かけることがあるが、果たしてそれで、問題の解消、解決にどれほどの貢献ができるのであろうか。このような姿勢は、いま目の前にいる親の否定を意味するものであり、否定された親は無力感や無能感をつのらせることとなる。このようなときに求められる姿勢は、いうまでもなく信頼関係を築き、共に問題解決を考える姿勢、つまり「親と共に生きる」という姿勢なのである。

　子どもが抱える問題の解決に際しては、家庭での親のかかわり方が大きな影響力をもつ。その親を支えていくためには、子どもの問題についての親の受けとめ方や親が抱いている感情などを十分に汲み取りながら、困難さも一緒に経験していこうという姿勢をもつことがとても大切である。

　しかし、誠意をもって話しても、なかなか通じていかない親もいるだろうし、いわゆるモンスター・ペアレントもいるかもしれない。だが、関係をもちにくい親だからといって疎んじれば、親との関係は断絶してしまう。そうではなくて、そのような親に対してこそ「親と共に生きる」ということを意識したかかわりが重要なのではなかろうか。

索引

あ-お

愛着　21、151
アカウンタビリティ→説明責任
アスペルガー障害　118
インプリンティング　22
ヴィゴツキー　83
ウェクスラー　70、74、77
ウェクスラー式知能検査　70、78
内田クレペリン精神作業検査　93
エインズワース　22、24、151
AD／HD→注意欠陥／多動性障害
エリクソン　33、35、87、153
オペラント条件づけ→道具的条件づけ

か-こ

外発的動機づけ　65
学習　12、47、58
学習性無力感　67、105
基本的信頼感　153
キャッチアップ現象　25
教育心理学　12、13
強化　49、123
ギルフォード　72、80、91
言語的知能　71
行動主義　47、85
広汎性発達障害　115、118、144
古典的条件づけ　47
個別診断的判定　94
個別特性　90
コミュニケーション能力　135

さ-そ

作業検査法　93
3カラム法　159
三項関係　28、36
三部理論　73
試行錯誤学習　50、81
児童虐待　173、174、175
自閉性障害　118
社会的参照　28

社会的動機　62
弱化　49
自由記述式　16
集団式知能検査　77
縦断的個人内評価　105
消去　49、123
条件反射　88
小児性崩壊性障害　118
診断的知能検査　79
診断的評価　102
信頼性　16、92、101
スーパービジョン　161
スキナー　49
スタンバーグ　70、73
ストレンジ・シチュエーション　22、151
精神遅滞　115、116
正の強化　49
生理的動機　61
絶対評価　104
総括的評価　102
操作・探索動機　62
双生児法　85
創造性検査　16
相対評価　104
ソーンダイク　50、81

た-と

妥当性　15、92、101
田中ビネー式知能検査　77、123
知能　70
知能検査　16、76
注意欠陥／多動性障害　115、121
チョムスキー　26
天井効果　106
動機　59
動機づけ　59、80
道具的条件づけ　49
動作性検査　78
特性5因子説　91

な-の

内発的動機　63
認知行動的アプローチ　158
認知主義　47

は-ほ

パーソナリティ　80、84、88、89
罰　65、123
発達指数　18、127
発達の最近接領域　83
ピアジェ　37、39、75
PF判定法　94
ピグマリオン効果　106
ビッグファイブ→特性5因子説
標準偏差　74
負の強化　49
フロイト　86、95
プロダクション・システム　55
偏差IQ　78
防衛機制　95、96
ボウルビィ　21、28、150

ま-も

マズロー　94
無条件刺激　48
モロー反射　20
モンスターペアレント　163、182

ら-ろ

類型論　88
レスポンデント条件づけ→古典的条件づけ
レット障害　118
ロジャーズ　88、155

■編者紹介

伊藤　健次（いとう　けんじ）
筑波大学大学院博士課程心身障害学研究科中退
元名古屋経済大学大学院人間生活科学研究科教授
主要著書：『入門臨床心理学』（共著）八千代出版
　　　　　『グッドイナフ人物画知能検査の臨床的利用』（共著）三京房
　　　　　『子ども臨床とカウンセリング』（編著）みらい
　　　　　『新・障害のある子どもの保育　第2版』（編著）みらい
　　　　　『発達心理学』（共著）聖公会出版

新時代の保育双書
保育に生かす教育心理学

2008年3月31日　初版第1刷発行
2022年6月30日　初版第14刷発行

編　者　伊藤　健次
発行者　竹鼻均之
発行所　株式会社みらい
　　　　〒500-8137　岐阜市東興町40　第5澤田ビル
　　　　TEL 058-247-1227(代)　FAX 058-247-1218
　　　　http://www.mirai-inc.jp/
印刷・製本　サンメッセ株式会社

ISBN978-4-86015-141-6 C3337
Printed in Japan　　乱丁本・落丁本はお取替え致します。